O Grito de Jorge Andrade:
A Experiência de um Autor na Telenovela
Brasileira dos Anos 1970

COLEÇÃO POLÍTICAS CULTURAIS
VOLUME 6

A Coleção Políticas Culturais – uma iniciativa do Ministério da Cultura e da Cinemateca Brasileira – representa um momento de reflexão sobre as mutações das práticas institucionais e sociais do campo artístico e cultural num cenário, brasileiro e internacional, marcado pela emergência da economia criativa e da gestão cultural. Em seis volumes, a coleção inclui abordagens ensaísticas sobre as políticas culturais, a edição da lei que instituiu o Plano Nacional de Cultura e estudos específicos sobre instituições que encarnam os novos agentes desse processo e sobre trajetórias individuais que permitem recapitular a gênese das confluências entre a expressão artística e o sistema de circulação da cultura.

MANUEL DA COSTA PINTO e JOSÉ GUILHERME PEREIRA LEITE,
Coordenadores da Coleção

O Grito de Jorge Andrade:
A Experiência de um Autor na Telenovela Brasileira dos Anos 1970

SABINA REGGIANI ANZUATEGUI

Ateliê Editorial

Copyright © 2013 Sabina Reggiani Anzuategui

Direitos reservados e protegidos pela Lei 9.610 de 19 de fevereiro de 1998.
É proibida a reprodução total ou parcial sem autorização, por escrito, da Sociedade Amigos da Cinemateca.

Anzuategui, Sabina Reggiani

A637g   O grito de Jorge Andrade: a experiência de um autor na telenovela brasileira dos anos 1970/Sabina Reggiani Anzuategui.– Cotia, SP: Ateliê Editorial, 2013.
160 p. ; 15,5 x 22,5 cm. (Políticas Culturais; v. 6)

Incl. bibliografia.
ISBN 978-85-7480-655-6

1. Telenovela – Brasil 2. Teledramaturgia 3. História 4. Andrade Jorge, 1922-1984 I.Autor II.Título.

CDD 791.450981

ATELIÊ EDITORIAL
Estrada da Aldeia de Carapicuíba, 897
06709-300 – Granja Viana – Cotia – SP
Telefax: (11) 4612-9666
www.atelie.com.br
contato@atelie.com.br

Printed in Brazil   2013
Foi feito o depósito legal

Agradecimentos

À minha orientadora, Prof ͣ Dr ͣ Esther Hamburger.

A Blandina Franco e Camila Franco, por disponibilizarem os originais de *O Grito* para consulta.

À equipe da Globo Universidade e do Centro de Documentação da TV Globo (Cedoc), em São Paulo e no Rio de Janeiro, pelo apoio na consulta aos roteiros de gravação.

Sumário

* * *

INTRODUÇÃO 9
Sobre as escolhas 10
Sobre a pesquisa histórica 11
Sobre o método 12
Sobre os motivos 15

1. A TV E A TELENOVELA NA DÉCADA DE 1970 17
1.1 Intelectuais na fábrica de sonhos 22
1.2 A faixa das 22 h 27
1.3 Meados da década 33
1.4 As boas telenovelas 36
1.5 Aspectos técnicos dos roteiros de telenovela 43
2. *O GRITO*, UMA TELENOVELA EXISTENCIALISTA 51
2.1 Os roteiros de *O Grito* 51
2.2 As fases da escrita 53
2.3 Sobre a sinopse 56
2.4 Sinopse de *O Grito* 58
2.5 Lista de personagens e temas 65

2.6 As rubricas de *O Grito* 68

2.7 Entre o roteiro e o vídeo 76

3. A CRIAÇÃO ARTÍSTICA: MASCULINO E FEMININO, TRABALHO E

REDENÇÃO. 85

3.1 Informações biográficas sobre Jorge Andrade 86

3.2 *O Grito* e a obra teatral de Jorge Andrade. 89

3.3 O artista que se sacrifica. 92

3.4 Marta: a religiosa e seu filho doente. 94

3.5 Marta como catalisadora do drama 99

3.6 A crise do homem tradicional: Agenor, Kátia e Sebastião 103

3.7 Sexualidade na obra de Jorge Andrade 106

3.8 O sentido artístico da androginia 108

3.9 Fragilidade social e o trabalho .111

4. RECONHECIMENTO E RECEPÇÃO 115

4.1 Dificuldades na recepção da obra 117

4.2 O final de *O Grito* 124

CONCLUSÃO. 133

Início dos anos 1970 133

Novamente Jorge Andrade 139

REFERÊNCIAS BIBLIOGRÁFICAS 147

Originais 147

Jornais, revistas e periódicos 147

Depoimentos. 150

Livros e artigos acadêmicos 150

Introdução

* * *

Comecei esta pesquisa em 2008, conhecendo apenas uma breve sinopse de *O Grito*, de Jorge Andrade. Meu projeto inicial era investigar algumas telenovelas da década de 1970, mencionadas na bibliografia específica como "alternativas" ou "experimentais". Aquela sinopse despertou minha atenção, a princípio, pela autoria. Na preparação para o vestibular, eu havia lido *A Moratória* e me lembrava do texto com admiração.

Considerei especial a oportunidade de estudar um texto de telenovela, escrito por um dramaturgo respeitado nos departamentos universitários de Letras e Artes Cênicas. A confluência entre televisão, teatro e literatura permitiu que eu pesquisasse aspectos históricos da TV brasileira, úteis para meu trabalho como professora, paralelamente a referências de crítica literária, área que admiro de modo mais pessoal e afetivo.

Embora discutindo especificamente o caso de Jorge Andrade e a telenovela brasileira dos anos 1970, o trabalho final busca refletir, de modo mais amplo, sobre a experiência do escritor. Esse ponto de vista me levou a priorizar algumas questões de criação e autoria, e sua relação com as condições práticas do meio cultural em cada contexto.

A telenovela *O Grito* foi escrita por Jorge Andrade entre 1975 e 1976, e, no mesmo período, produzida e exibida pela TV Globo. A partir da leitura dos roteiros, busquei fazer uma análise crítica da obra e situar a atuação de Jorge Andrade no contexto da telenovela brasileira naquela década.

Planejando esse estudo crítico, alguns parâmetros me pareceram mais evidentes. Por ser um texto escrito como telenovela, procurei sistematizar algumas características valorizadas na época de sua produção, a partir de reportagens e artigos de imprensa. Em relação ao conjunto da obra de Jorge Andrade, busquei estudos anteriores sobre sua produção teatral e literária. Além disso, consultei informações gerais sobre o contexto cultural e político das décadas de 1950 a 1980.

Como não encontrei um estudo anterior desta telenovela, arrisquei-me a um ensaio preliminar abrangente. Espero assim contribuir para a compreensão do trabalho desse grande autor, bastante estudado por sua obra teatral, consolidada no volume *Marta, a Árvore e o Relógio* (Andrade, 1986). Além disso, busco também colaborar com os estudos da telenovela brasileira, gênero em que o roteiro tem um papel central.

Sobre as escolhas

Se um escritor apenas escrevesse, ele teria dois problemas a resolver: *como* escrever e *o que* escrever.

Se escrever fosse apenas uma profissão, uma pessoa poderia pesquisar o tipo de texto que está sendo procurado, e adequar-se à demanda. Se fosse apenas uma atividade artística, o escritor poderia se satisfazer com a composição solitária de seus textos, independentemente do interesse alheio.

Entretanto, alguns escritores escolhem aliar, em seu trabalho, atividade profissional e expressão artística. Tal caminho se revela complexo, pela dificuldade de articular impulsos às vezes antagônicos.

A possível remuneração de um escritor ultrapassa o alcance de suas escolhas próprias, porque provém do sistema econômico ligado à produção cultural num determinado contexto. Embora as diretrizes de tais sistemas econômicos sejam geralmente claras numa sociedade, muitas vezes não é claro, para o indivíduo que deseja escrever, se ele deve inserir seu trabalho nesse sistema.

O impulso de escrever às vezes envolve sublimação, fantasias heroicas e sonhos de posteridade, embutidos em um projeto artístico. Jorge Andrade lidou com esses impulsos, como se percebe em seus textos escritos entre meados da década de 1960 e meados da década de 1970.

Sua segunda experiência como autor de novelas, em *O Grito*, demonstra as tensões de tal processo.

Os escritores contratados por empresas de entretenimento sabem, em sua maioria, que sua margem para escolhas é restrita. Especificamente no caso da telenovela, um produto financiado com verbas de publicidade variáveis conforme a audiência, há uma prática baseada em casos anteriores (erros e acertos), estabelecendo parâmetros do que funciona ou não. Uma determinada obra que pretenda ser muito original corre o risco de frustrar as expectativas do público habituado ao formato, composto por muitos telespectadores anônimos e alguns estratégicos, como críticos e profissionais da área com poder de decisão. São restrições intrínsecas ao sistema de produção, que lida com o "agradável" e o "interessante", conforme será detalhado mais à frente.

Entretanto, na década de 1970, houve um período em que as restrições foram razoavelmente porosas, principalmente nas obras produzidas para o horário das 22 h, na TV Globo. Isso permitiu que alguns autores fizessem certas experiências formais e temáticas, de acordo com seus projetos artísticos.

A partir dos depoimentos de vários escritores e profissionais, busquei compreender a trajetória de Jorge Andrade como profissional, em transição do teatro para a televisão, observando como ele articulou seus sonhos de artista com a realidade pragmática de ser um escritor contratado.

SOBRE A PESQUISA HISTÓRICA

Durante a realização deste trabalho, muitas escolhas foram feitas para conhecer experiências que pudessem me ajudar a entender as relações atuais entre arte e entretenimento. O estudo de um autor que viveu em outro tempo, ao mesmo tempo distante e próximo do meio cultural atual, é também uma busca por modelos – balizas.

As estratégias adotadas pela TV Globo na década de 1970 estabeleceram as raízes de uma produção televisiva que ainda hoje é preponderante no país, em termos culturais e comerciais. Por outro lado, os valores artísticos e educacionais que orientaram a formação de Jorge Andrade na Escola de Arte Dramática sobrevivem hoje nas universidades brasileiras. Pela persistência dos dois sistemas de valores, mantém-se o mesmo lapso entre os ideais autorais valorizados na universidade, e a realidade do mercado cultural e de entretenimento (que também valoriza autoria, porém no sentido mais pragmático de audiência e repercussão). Com um intervalo de meio século, a experiência de Jorge Andrade ainda está próxima de nós.

Conhecer sua trajetória, suas escolhas, as consequências pessoais e profissionais dessa experiência, é também uma maneira de refletir sobre as possibilidades e dificuldades que encontramos hoje.

Embora *O Grito* tenha sido produzida durante um regime autoritário, não dediquei tanta atenção à situação política daquele momento por alguns motivos. Em primeiro lugar, por não ter formação aprofundada na questão, tive receio de repetir opiniões colhidas de outros livros. Em segundo lugar, considerei que as questões econômicas (e especificamente o contexto empresarial da TV Globo), sugeriam um paralelo mais forte com a situação atual.

SOBRE O MÉTODO

Buscando entender o trabalho do escritor, estudei principalmente os roteiros de *O Grito* – ou seja, o texto da novela –, dando menos atenção aos capítulos gravados. Considerações sobre os vídeos fazem parte da tese como complemento, não sendo o foco central da pesquisa.

A partir das questões mencionadas acima, procurei reunir informações que respondessem a várias perguntas:

- Qual o contexto profissional em que Jorge Andrade se encontrava? Ele pretendia fazer um projeto autoral, ou escrevia conforme uma encomenda? Quando contratado, quem eram seus chefes, colegas e concorrentes? Que decisões artísticas ele tomou em relação às demandas da situação profissional em que se encontrava?
- Como Jorge Andrade escrevia: quais seus recursos formais? Quais suas técnicas específicas de composição de personagens, vocabulário, ritmo, organização de cena, estruturação da narrativa, no geral e no detalhe?
- O que Jorge Andrade escrevia: quais seus temas escolhidos? Onde se originavam – na história pessoal, nas preocupações sociais do momento? Que temas lhe foram sugeridos pela situação profissional em que se encontrava?
- Como foi a recepção do que Jorge Andrade escreveu: quem era seu público, em números, em qualidade? Há registros da recepção de suas obras pelo público geral? Qual foi a recepção crítica? Como a recepção interferiu nos itens acima (na forma, nos temas e no pagamento do escritor)?

Muitas perguntas foram consideradas, mas nem todas aparecem com o mesmo destaque no resultado final da tese. Na divisão dos capítulos, as questões foram assim distribuídas:

- No capítulo 1, "A TV e a Telenovela na Década de 1970", as expectativas da emissora, e a recepção na imprensa das telenovelas bem sucedidas na época, nos anos anteriores e brevemente posteriores ao período em que Jorge Andrade escreveu *O Grito*.
- No capítulo 2, "*O Grito*, uma Telenovela Existencialista", questões concretas do trabalho de Jorge Andrade ao escrever a novela.
- No capítulo 3, "A Criação Artística: Masculino e Feminino, Trabalho e Redenção", uma interpretação do sentido autoral da obra, ou seja, como se traduz, em *O Grito*, a visão de Jorge Andrade sobre a criação dramática.
- No capítulo 4, "Reconhecimento e Recepção", o relato de como a novela foi recebida pelo público, e uma interpretação de como Jorge Andrade incorporou tais reações à obra.

Do ponto de vista metodológico, trata-se de uma pesquisa exploratória. Busquei centralizar minha argumentação no roteiro e na dramaturgia, com alguma dificuldade de sistematização, porque o material disponível sobre a telenovela brasileira ainda apresenta poucos trabalhos de análise dramática dos textos. O resultado que apresento busca a descrição e a compreensão da obra em sua materialidade (os roteiros).

Quanto ao ambiente teatral em que Jorge Andrade se formou, não fiz uma pesquisa extensa em fontes primárias e secundárias, por considerar suficientemente maduros os estudos acadêmicos que consultei. Li entrevistas e depoimentos do próprio autor, e concentrei minha atenção em suas obras publicadas. Entretanto, não consultei os manuscritos e diferentes versões, como fizeram outras pesquisadoras.

Entre as várias obras de referência que consultei, além das interpretações marcantes de Anatol Rosenfeld e Gilda de Mello e Souza, considero importante mencionar o livro de Catarina Sant'Anna, *Metalinguagem e Teatro*, que respondeu a muitas dúvidas em mim despertadas durante a leitura das peças do autor: a angústia em seu processo de criação, sua maneira de ver a Arte e a História, sua difícil relação com outras linhas de teatro nas décadas de 1960 e 1970. Sant'Anna analisa principalmente as peças em que Jorge Andrade discute os problemas da criação dramática (*A Escada, Rasto Atrás, As Confrarias* e *O Sumidouro*), identificando questões centrais de sua poética.

Outro estudo importante foi a tese de Elizabeth Azevedo, *Recursos Estilísticos na Dramaturgia de Jorge Andrade* (Azevedo, 2001b), que busca destacar, no conjunto amplo das peças do autor, os recursos ligados ao teatro épico e expressionista. A tese de Azevedo evidencia a importância da expressão visual para o dramaturgo, questão que tentei aprofundar em meu trabalho.

Em relação aos roteiros de *O Grito* – um conjunto de cerca de 2 500 páginas – adotei um procedimento de seleção de capítulos, para reduzir o material de consulta a uma dimensão mais acessível. Tal opção surgiu quando constatei as dificuldades para estudar roteiros de telenovela. É um material de difícil acesso, pois está concentrado em acervos particulares. A bibliografia de referência (do ponto de vista teórico, de análise de dramaturgia) não está muito sistematizada. Soma-se a essas duas dificuldades a extensão do material. O procedimento adotado será explicado em detalhes no capítulo 3.

Sobre os motivos

Por que Jorge Andrade?

Admiro em Jorge Andrade a coragem de propor formas artísticas ao que é mais velado e profundo.

Como nomear o que é profundo sem escapar ao mau gosto? O bom gosto é uma atividade da superfície. O profundo é feio em muitos sentidos – é o escuro, o abandonado, o apodrecido, o horror. As palavras para o horror escapam com facilidade à habilidade do artista em manejá-las elegantemente. Jorge Andrade muitas vezes deixou essa habilidade escapar.

Seu foco no sofrimento era constante. Mesmo *A Escada* e *Os Ossos do Barão*, textos mais leves, lidam com imagens densas: o passado incômodo, a expulsão fria do mais frágil, o cadáver insepulto.

O Grito é um texto extenso, redundante em muitas passagens. Tais características devem-se ao meio para o qual foi escrito. Ainda assim, é um texto composto com intenções artísticas, que se realizam de forma admirável.

Do ponto de vista de repercussão e audiência, *O Grito* era um projeto difícil, e sofreu a consequência de escolhas artísticas arriscadas. O ato de escrevê-lo, arriscando-se ao fracasso – como fez outras vezes –, é uma virtude essencial de Jorge Andrade, um tanto suicida do ponto de vista profissional. Como menciona em suas obras, o autor se expunha ao sacrifício porque acreditava em sua missão. Ele queria encontrar a verdade, mas a descobria apenas negativamente, percebendo os erros de seu percurso. Então anunciava o erro e era apedrejado.

Em *O Grito*, essa árdua e persistente trajetória artística é retratada como uma paixão cristã, incorporando imagens e motivos religiosos.

Esse é um aspecto de destaque, num ambiente cultural fortemente influenciado pelo pensamento político de esquerda. No desfecho de sua novela, Jorge Andrade encaminha seus personagens para uma celebração fúnebre marcada por passagens bíblicas sobre a ressurreição de Lázaro. Na interpretação que apresento, tais cenas traduzem a resposta do autor às reações negativas que a novela recebeu no início de sua exibição.

O Grito usa o mito do sacrifício, colocando no centro do processo uma mulher religiosa. São duas figuras sociais que a novela retrata com marcas positivas, destoando do que seria politicamente correto na época: a religiosa, e o delegado. Na análise crítica do texto, busquei demonstrar o significado interno dessas personagens, em relação ao conjunto da obra de Jorge Andrade. Nessa interpretação, o sacrifício religioso e o elogio ao trabalhador honesto seriam um retrato da visão do autor em relação à Arte (o trabalho árduo que leva à redenção).

Além da reflexão que apresento nesta tese, a novela *O Grito* apresenta um grande potencial para o estudo dos recursos estilísticos. Infelizmente, pelo limite de tempo, não pude me dedicar a eles. Há alguns apontamentos sobre isso na conclusão, sugerindo caminhos para futuras pesquisas.

1
A TV e a telenovela na década de 1970
* * *

O Grito foi escrito como telenovela, produzida e exibida pela TV Globo entre 27 de outubro de 1975 e 30 de abril de 1976, no horário das 22 h.

A novela foi concebida por Jorge Andrade, em circunstância especial para um veículo de comunicação de massa. Para compreender alguns aspectos da obra, é preciso entender esse contexto.

O Grito surgiu num período que durou pouco mais de dez anos, entre o final da década de 1960 e o começo da década de 1980.

Nesse intervalo de tempo a televisão brasileira expandiu-se e deu um salto qualitativo e quantitativo (em termos de público e dinheiro arrecadado), em torno da TV Globo. Muito já foi escrito sobre esse salto[1]. Resumidamente, considero importante ressaltar os seguintes aspectos:

- ao se estruturar administrativa e comercialmente, valorizando o equilíbrio do orçamento e a qualidade da programação, a TV Globo, gradativamente, conseguiu atrair recursos publicitários muito significativos, aproveitando o contexto econômico e político do momento;

---

1. Entre as obras mais atuais, ver Hamburger (2005, pp. 21-38).

- grande parte desses recursos foi investida na infraestrutura da empresa e no aprimoramento de seus produtos (a programação).
- esse projeto de investimento incluiu a contratação de profissionais da área artística que se destacavam em outras empresas de radiodifusão e em outras atividades culturais (cinema, teatro, literatura, música, imprensa escrita, artes visuais etc.).

Para além dos posicionamentos ideológicos contra ou a favor da TV Globo, existe certa imprecisão na raiz desse projeto. Conforme o relato de vários profissionais do período – especialmente Joe Wallach, José Bonifácio Sobrinho e Walter Clark (ver detalhes no próximo tópico) – Roberto Marinho teve com sua emissora uma relação mista de centralização e delegação. Mesmo mantendo uma posição de autoridade nas questões que considerava importantes, ele concedeu muita autonomia aos executivos contratados, quando os considerava capazes e confiáveis. Isso permitiu que os profissionais fossem inserindo seus projetos pessoais, adaptando-se às vezes com sucesso, outras vezes não. Dessa confluência complexa de projetos, surgiram os programas específicos. E alguns – talvez muitos – atingiram grau admirável de qualidade artística em vários aspectos.

Também admirável nesse contexto é que tais qualidades artísticas tiveram a chance de atingir um enorme número de pessoas, exatamente pelas características próprias da mídia televisiva. Uma abrangência iniciada com o rádio e amplificada pela dimensão visual da televisão. Uma abrangência que só poderia ter seu equivalente no cinema e que, por questões históricas variadas, o cinema brasileiro poucas vezes conseguiu atingir.

A TV Globo (e também outras emissoras, em escala menor e menos perene) aglutinou os talentos de um país disperso. Concentrou, reorganizou e difundiu esses talentos, para seu crescimento e afirmação como grande instituição nacional.

O movimento de contratação (compra, cooptação, mecenato) de artistas é um aspecto recorrente da relação entre poder (condensado em forma de dinheiro) e arte (talento condensado em objeto). Um movimento que ocorre em vários lugares e momentos históricos.

A bibliografia sobre telenovela brasileira muitas vezes ressalta uma característica da década de 1970: uma empresa de televisão, em sistema capitalista, sob regime autoritário, contratou a força de trabalho de artistas com ideais de esquerda. Maria Rita Kehl menciona, por exemplo, um "surpreendente lote de dramaturgos 'de esquerda', provindos do antigo CPC dos anos 60 [...], no lucrativo terreno da *realidade brasileira*" (Kehl, 1986: 291, grifo do original).

Ramos e Borelli apresentam uma interpretação para a presença desses autores na TV Globo, relacionada ao Estado autoritário:

> Sonia Miceli, em trabalho de 1973, [...] [reproduzia] inclusive um "protocolo de autocensura" firmado pela Globo e pelas Emissoras Associadas. O documento evidencia a ação conjunta do Estado e das emissoras para abafar o que Muniz Sodré qualificou de "estética do grotesco". Protocolo que visava a uma profilaxia cultural, intervindo sobre programas que chocavam o "bom gosto" de camadas mais "educadas" (Ortiz; Borelli; Ramos, 1988: 86).

Nessa avaliação, os pesquisadores relacionam diretamente as pressões do governo militar, em seu projeto cultural nacionalista, ao movimento da TV Globo de contratar autores mais intelectuais, como Dias Gomes e Jorge Andrade:

> Ela [a TV Globo] introduz nos horários menos importantes, das 18 e 22 h, as telenovelas solicitadas pela esfera estatal: um certo enfoque nacionalista, melhoria de 'nível' e temas educativos. Temos às 22 h a criação de um espaço de legitimidade mais sofisticado, com a presença de Jorge de Andrade [*sic*], Dias Gomes, Durst (Ortiz; Borelli; Ramos, 1988: 86-87).

São duas explicações que se apresentam: a emissora contrataria autores mais eruditos para aumentar sua legitimidade como instituição, e os autores aceitariam esse trabalho por necessidade de remuneração, vindos de um teatro em crise por causa da censura. O resultado de tal arranjo, entretanto, é mais complexo, e autores tinham intenções maiores que escrever por encomenda. Eles carregavam suas preocupações artísticas para a televisão, acreditando que ali haveria um espaço para continuar seu trabalho autoral. Muitos projetos ousados foram realizados nesse impulso, embora, ao longo dos anos, acumulou-se uma frustração, pois os autores "provavelmente não possuíam a dimensão da escola formadora de consumidores que a novela se tornou" (Hamburger, 2005: 26-27).

Afinal, a contratação de artistas ligados à esquerda seria tão específica desse período no Brasil? Brecht teve contratos no cinema comercial (Costa, 2007: 187-199). Na indústria cinematográfica norte-americana, destacam-se as "listas negras" de artistas progressistas após a Segunda Guerra Mundial. Outros exemplos existem até a atualidade.

No Brasil dos anos 1970, a bipolaridade ideológica – esquerda e direita – poderia ser destacada como característica importante, mas resumir assim a situação histórica seria simplificar demais. Havia o tropicalismo e o "desbunde". Havia o cristianismo profundo, nem sempre aliado a vertentes políticas. Havia outras formas de religiosidade. Havia o humor. Havia a juventude como movimento cultural e perspectiva de mercado. A turbulência é admirável, concentrada pela perspectiva do tempo[2].

Entre os dramaturgos que escreveram telenovelas naquela década, alguns acreditavam numa missão, acreditavam que não eram apenas funcionários contratados para criar sob encomenda. Em entrevistas da época, nota-se a insistência nos aspectos autorais de alguns projetos, além da

---

2. Trata-se de uma questão ampla, e sua discussão mais prolongada desviaria o foco desta tese. Ainda assim, gostaria de mencionar um diálogo que tive com Jean-Claude Bernardet em novembro de 2011, quando iniciava a redação deste trabalho. Eu manifestava minha insegurança em escrever sobre um período com tanta agitação política, analisando nesse contexto uma obra com motivos religiosos, sem ter formação aprofundada em nenhuma dessas áreas – nem política, nem religião. Bernardet comentou ideias que amadurecia para um possível ensaio, sobre filmes brasileiros da década de 1970 que reintroduziam a temática religiosa com conotação positiva, depois do tom crítico da década de 1960. Acredito que essa seja uma questão de interesse para um estudo posterior.

preocupação com questões sociais e políticas. Um artigo de Dias Gomes, intitulado "A Telenovela É a Última Trincheira", traz um bom exemplo desse espírito:

> A telenovela foi a única trincheira que nós conseguimos, a única barricada que conseguimos levantar, contra a invasão dos enlatados americanos. [...] Não houvesse a telenovela, e os horários das 6 às 10 estariam importando para nós uma cultura que não é a nossa, deformando a cultura brasileira. E nós estaríamos também mandando royalties para fora. Estamos criando campo de trabalho, de experimentação brasileira (Gomes, 1975).

Jorge Andrade, embora não fosse ligado a nenhum partido político, estava atento e era influenciado por esse contexto cultural. A comparação de sua experiência com a de outros dramaturgos que começaram a escrever telenovela no período, especialmente aqueles ligados à esquerda, esclarece questões que foram enfrentadas por um grupo de pessoas, não apenas por ele, isoladamente.

Dias Gomes e Lauro César Muniz são os autores cuja trajetória me pareceu mais iluminadora, para entender a relação de Jorge Andrade com a TV Globo. Não são os únicos autores de TV que começaram no teatro, nem os únicos que tiveram passagem pelo Partido Comunista Brasileiro (PCB). Mas suas trajetórias sugerem um triângulo: Lauro César era amigo de Jorge Andrade, ambos tiveram a mesma formação na Escola de Arte Dramática de São Paulo, e lidavam com a autoridade (as diretrizes da emissora) de modo parecido, com grau diferente de adaptabilidade. Já Dias Gomes teve outra formação (autodidata, formado no velho teatro carioca), e sua relação com as cúpulas (no início da carreira teatral, depois no rádio e TV) seguia outra estratégia.

As informações organizadas a seguir foram recolhidas de depoimentos e reportagens de época. Ao desenhar esse painel, procurei, na medida do possível, evitar um julgamento retrospectivo. Tentei destacar as informações mais recorrentes, trazendo dos textos originais certo espírito do período.

COLEÇÃO POLÍTICAS CULTURAIS

1.1 Intelectuais na fábrica de sonhos

Em 1969, a TV Globo era menor que a TV Tupi. Mas tinha um potencial de crescimento maior que o condomínio dos Diários e Emissoras Associados, graças à equipe que começava a reunir aos poucos desde a entrada de Joe Wallach, representante do grupo Time-Life que chegou ao Brasil para verificar o andamento da parceria com a empresa, em 1965. Wallach iniciou seu trabalho de administração, procurando estabilizar a emissora para que se tornasse rentável. Em 1966 conseguira contratar Walter Clark para coordenar a programação. Clark convidou em seguida, para dirigir a produção, José Bonifácio de Oliveira Sobrinho, o Boni, com quem havia trabalhado alguns anos antes. Boni terminou de cumprir contrato com a Tupi e em 1967 foi para a Globo. Nos anos seguintes, eles reuniram um grupo de profissionais de qualidades complementares, com interesse comum pelo difícil empreendimento de montar uma grade de programação com qualidade artística e técnica, comercialmente rentável, que possibilitasse o aprimoramento progressivo da produção.

A equipe da TV Globo irá aproveitar as experiências bem-sucedidas de outras emissoras, atraindo, com sua estabilidade administrativa, boa parte dos melhores profissionais de arte e espetáculo do país. A liderança criativa de Boni abria espaço para profissionais de visão mais intuitiva, que conseguiam atingir razoável qualidade artística, aliando todas as referências culturais e técnicas a que tinham acesso, sem outro julgamento a não ser o entusiasmo pessoal e a resposta de audiência. Era uma intuição experiente, que também aproveitava as lições do trabalho em propaganda.

Durante a década de 1970, a equipe da TV Globo foi reunindo autores, testando seu estilo e ritmo de trabalho, e montando uma equipe de profissionais criativos para sustentar sua aposta em teledramaturgia[3]. Os tes-

---

3. "Na verdade, a novela era a forma mais barata de produção de programas porque cada uma delas tinha de 130 a 150 capítulos, e podia ser exibida cinco ou seis vezes por semana, amortizando os custos dos cenários, dos artistas e dos autores. [...] Descobrimos também que, com enredos decentes e apropriados, as novelas podiam bater a audiência de quaisquer programas importados ou mesmo os de outros tipos que produzíamos. O

tes com novos autores eram feitos em episódios unitários do *Caso Especial*[4], ou em novelas nos horários de menor audiência, que eram três: 18 h, 19 h e 22 h. Muitos escritores foram convidados, e outros se ofereceram. Vinham de outras emissoras, de outros gêneros de programas, de outras funções, e de outros veículos: diretores de shows, atores, críticos de teatro. A Globo precisava de autores, e os profissionais atentos começavam a perceber que era uma oportunidade excelente para quem entendesse a demanda. Era "a mais bem remunerada atividade intelectual do país" (Távola, 1979).

Não cabe neste trabalho a discussão de todos os novos autores em todos os horários. Concentro meus comentários no horário das 22 h, para o qual foram encaminhados os escritores de maiores ambições artísticas e/ou intelectuais.

Em depoimento ao Projeto Memória Globo, José Bonifácio de Oliveira Sobrinho, o Boni, destaca o papel de Dias Gomes na TV Globo, nos anos 1970.

E com relação ao conteúdo, você destacaria que autores?
Eu acho que, inicialmente, mesmo aproximando-se da realidade, a novela veio para atender ao gosto médio da população, sem nenhuma preocupação de oferecer um conteúdo mais elaborado. Isso imediatamente me desagradou, porque não queríamos fazer um retrato da realidade brasileira com cara de novela mexicana. Nesse aspecto, um passo fundamental foi dado pelo Dias Gomes, que começou a produzir textos mais elaborados e a indicar outros companheiros capazes de dar novo tratamento ao conteúdo – especialmente na abordagem de problemas sociais e políticos –, com texto e diálogos de melhor qualidade,

---

custo por hora das novelas era também o mais baixo – sem dúvida, nossa maior fonte de lucros" (Wallach; Johnson, 2011, p. 124).

4. Programa de teledramaturgia com periodicidade variável, iniciado em 1971 e produzido durante toda a década de 1970. Exibia histórias unitárias, entre temas originais e adaptações literárias, com vários autores.

acompanhados de uma direção mais aprimorada que foi sendo moldada pelo Daniel Filho (Fiuza; Siqueira; Vianna, 2000).

Boni relata que Dias Gomes teria *sugerido* nomes de autores à emissora. De fato, a faixa de novelas das 22 h, consideradas mais experimentais, nem existia quando ele começou a trabalhar na empresa, em 1969.

Dias Gomes havia sonhado abandonar os trabalhos mais populares no rádio, com o sucesso de sua peça *O Pagador de Promessas*, também transformada em filme[5]. Mas a difícil situação do teatro depois do golpe de 1964 o deixou em dificuldades financeiras. Com a entrada de Janete Clair na Globo, Boni o convidou sem seguida: "– E o Dias, meu mestre, como está? – Olha, Boni, está precisando trabalhar. Não diga isso a ele, mas se tiver alguma coisa, chame o Dias" (Oliveira Sobrinho, 2011: 214).

O primeiro texto de Dias Gomes na TV Globo foi exibido em 1969: uma trama ambientada na Veneza de 1500, assinada com o pseudônimo de Stela Calderón (*Projeto Memória das Organzações Globo*, 2003: 18). Depois, escreveu *Verão Vermelho*, exibida às 21:30 h, apresentando temas contemporâneos e nacionais, e assinando o próprio nome. A seguir, ele produziu outro texto, *Assim na Terra Como no Céu*, exibido às 22 h. Ao fim desta novela, em março de 1971, Bráulio Pedroso (que escreveu *Beto Rockfeller*, considerada um marco na renovação da telenovela brasileira) estreou na emissora no mesmo horário.

Bráulio e Gomes se alternaram até outubro de 1973, quando Jorge Andrade entrou para escrever *Os Ossos do Barão*. Lauro César Muniz entrou na emissora em 1972, como roteirista de um seriado; depois, substituiu Bráulio Pedroso em *O Bofe*[6]. Em 1975, veio Walter Durst, convidado para adaptar *Gabriela*, do romance de Jorge Amado, em comemoração aos dez anos da empresa (Lebert, 2009: 130). Os quatro autores vinham de São Paulo. Três foram ligados ao PCB. Três vinham do ambiente teatral.

---

5. A primeira montagem da peça foi realizada pelo Teatro Brasileiro de Comédia (TBC), em 1960. O filme foi dirigido por Anselmo Duarte, ganhando a Palma de ouro no Festival de Cannes de 1962.
6. Pedroso teve problemas de saúde durante a exibição da novela.

A chegada à TV Globo de novos autores revela a necessidade de mão de obra criativa. Entre dezembro de 1967 e janeiro de 1973, Janete Clair escreveu sete novelas em sequência, para o horário das 20 h[7]. Dias Gomes, entrando na emissora, foi responsável por três títulos seguidos, entre junho de 1969 e março de 1971. Em depoimento à revista *Veja* neste último ano, ele explica:

> A Globo está desesperada atrás de autores e não encontra. No ano passado, dois romancistas e um jornalista, cujos nomes não vou citar, mas todos de gabarito comprovado, fizeram uma tentativa. Chegaram a iniciar, cada um deles, uma história. Foram incapazes de continuar, tal o ritmo do trabalho e a falta de domínio da técnica de televisão. Acontece que essa técnica, essa capacidade de se transformar numa máquina de escrever, só se adquire pela prática. Como a TV não quer contratar autores para começarem a render só daqui a um ano, não há renovação. [...] Atualmente, por pressão nossa, a Globo está concedendo períodos de descanso entre uma novela e outra. Eu, por exemplo, estive descansando depois de dois anos sem parar (Bones, 1971: 74).

É possível fazer algumas deduções a partir dessa estratégia de encontrar escritores "prontos" para as telenovelas. Para começar, a pressa como característica do sistema de produção, decorrente do volume de texto necessário para manter em andamento, diariamente, quatro novelas inéditas. Havia também certa limitação de recursos, apesar dos grandes salários anunciados pela revista *Veja*, na reportagem mencionada no capítulo de conclusão desta tese. Segundo Walter Clark, 1968 foi o primeiro ano em que a TV Globo teve lucro (Clark; Priolli, 1991: 199). Os livros de Joe Wallach, Boni e Regis Cardoso (Wallach; Johnson, 2011; Oliveira Sobrinho, 2011; Cardoso, 1999), com narrativas sobre o período de formação da emissora, fornecem muitos detalhes sobre as condições financeiras da empresa no período. Em suma, não havia dinheiro sobrando.

---

7. O horário variou entre o fim de 1968 e o início de 1969, quando Janete escreveu *Passo dos Ventos*, exibida em São Paulo às 19h.

COLEÇÃO POLÍTICAS CULTURAIS

Entre os trabalhadores "disponíveis", nem todos eram desejados. Plínio Marcos era um dramaturgo que gostaria de escrever telenovelas, mas se considerava descartado por precauções com a censura: "Eu gostaria muito e me ofereço sempre, mas eles não querem" (Plínio Marcos..., 1970). Outros profissionais da velha guarda, como Moisés Weltman, haviam sido afastados na reorganização da equipe realizada por Walter Clark no fim dos anos 1960 (Veltman, 2010: 58-59), talvez sem motivo específico, a não ser reduzir custos e adaptar a equipe à nova direção. Lendo as biografias de Boni e Walter Clark, nota-se certa imprecisão nas contratações: afinidades de personalidade, contingências do momento. Alguns dramaturgos eram contratados, outros não; uns permaneciam, outros não.

A contratação de dramaturgos ligados à esquerda não era afinal tão surpreendente: eles eram parte da mão de obra disponível entre várias emissoras de rádio e televisão. Boni menciona as opções que tinha em mente antes da contratação de Janete Clair: ela fazia parte de uma lista de possibilidades, junto com Ivani Ribeiro, Benedito Ruy Barbosa, Walther Negrão e Walter Durst (Oliveira Sobrinho, 2011: 213). Entre eles, Walter Durst era afetivamente mais ligado ao PCB, Walther Negrão teve uma passagem pelo Partido na juventude, e Ivani Ribeiro tinha marido comunista[8]. Janete foi escolhida em primeiro lugar, e todos os outros entraram na Globo depois, aos poucos, acompanhando a falência da Tupi e as dificuldades de outras emissoras. Chegavam graças a contatos pessoais e profissionais anteriores, e permaneciam desde que se encaixassem no perfil da empresa em termos de personalidade, modo de trabalho, ritmo e estilo de produção. E saíam, às vezes, se consideravam que a Globo já não oferecia oportunidades suficientes. Depois de deixar a emissora, Walter Clark diria a Zuenir Ventura, em entrevista para a *Veja*:

> Em todas as conversas [com o governo], sempre ficou claro: "A responsabilidade do que é transmitido é do senhor e da empresa. Não quero saber se quem escreve é A, B ou C". Isso é uma coisa que me dá uma grande paz,

8. Informação transmitida por Álvaro de Moya à autora, em novembro de 2011.

porque ser obrigado a afastar uma pessoa é muito ruim (*A Nova Imagem...,* 1977: 111).

1.2 A FAIXA DAS 22 H

De acordo com as informações disponíveis no *Dicionário da* TV *Globo*, na década de 1970 a grade de programação da emissora apresentava o seguinte esquema, das 19 h às 22 h: uma telenovela; o *Jornal Nacional*; outra telenovela; um *show* musical ou humorístico.

A telenovela das 22 h vinha depois dos *shows*. Era um horário mais livre para experimentação, pois tinha até menos audiência que a novela das 19 h (Távola, 1974). As questões comerciais assumiam outro aspecto, pois no fim da noite haveria mais espectadores das classes A e B (Maria, 1975), que desejariam uma programação de mais "qualidade".

Entre os depoimentos de Boni e Daniel Filho, não encontrei nenhuma declaração sobre a criação do horário das 22 h. Mas, compreendendo a opção pela produção própria (em oposição a programas importados, com menor potencial de audiência) e a preferência estratégica por teledramaturgia (que não dependia de "estrelas" específicas, como os *shows*), essa nova faixa de telenovelas deve ter sido uma expansão experimental do horário nobre, estabilizado com a contratação de novos autores. Dominando a técnica de novelas economicamente rentáveis, abria-se um horário a mais para produção. Experimentavam-se assim alguns recursos diferentes, o que o horário permitia, até que as condições da empresa possibilitassem produções mais difíceis em custos e logística (como os seriados produzidos a partir do fim da década de 1970) (Oliveira Sobrinho, 2011: 367).

O horário de exibição influía diretamente na relação dos autores com as diretrizes da emissora. Lauro César Muniz comenta:

A única diferença é que esses meus colegas trabalhavam mais no horário das 22 horas, mas o Boni e o Daniel viram alguma peculiaridade em mim para o horário das 20 horas. Muitas vezes me perguntei por quê. [...] Acho que viram em mim uma característica que meus colegas tinham menos: estar mais aberto para o romantismo, para as relações românticas, homens e mulheres, desencontros de casamentos, relações com os filhos, essa coisa que comunica à flor da pele. Enquanto o Dias, o Jorge, o Bráulio e o Durst tinham um certo pudor com essa temática romântica, eu a encarei (Fígaro, 2000: 84).

Lauro César menciona, em vários depoimentos, o grupo de colegas das 22 h: Dias Gomes, Jorge Andrade, Bráulio Pedroso e Walter Durst. Ele destaca a afinidade artística e uma estimulante competição criativa entre amigos. Com exceção de Jorge Andrade, todos tiveram algum envolvimento (maior ou menor) com o PCB.

E o que escreviam esses autores com "certo pudor" da "temática romântica"?

Dias Gomes fala em "modernizar o gênero":

Quando fui para a Globo, a intenção da emissora não era modernizar o gênero e até me foi dito isso pelo Boni. Recebi uma espécie de recomendação de que a Globo não tinha nenhum interesse em mudar a filosofia de suas novelas. Tudo aconteceu por pressão dos autores e de Daniel Filho (Silva Júnior, 2001: 88).

Para Lauro César, houve uma renovação de linguagem:

Eles [Boni e Daniel Filho] queriam o melhor de mim, como do Dias Gomes, do Jorge Andrade, do Walter George Durst, do Bráulio Pedroso. Jamais nos imaginariam fazendo um tipo de melodrama de fácil comunicação. Queriam realmente renovar a linguagem da telenovela. Tenho plena convicção disso (Fígaro, 2000: 84).

Tal renovação ajustava-se aos projetos de Boni e Daniel Filho, por uma linguagem televisiva mais ágil, inspirada no cinema dos EUA, adaptada tematicamente a questões do Brasil na época. Estudando as declarações de Boni e Daniel Filho, percebe-se que valorizavam a estrutura dramática básica do melodrama, mas se incomodavam com o exagero exótico e sentimental. Seu gosto pessoal aliava-se à intuição de que um novo estilo de novelas poderia atrair público:

> Para quem quisesse e pudesse enxergar, havia também uma mudança muito importante acontecendo no gosto do público. Em São Paulo, Cassiano Gabus Mendes captou isso. E desse seu *insight* genial surgiu em 1969 a novela *Beto Rockfeller* – um personagem do nosso cotidiano, vivendo aventuras e trapalhadas que qualquer um [...] poderia viver. O público começava a querer assistir na televisão coisas mais próximas da sua realidade (Daniel Filho, 2001: 35).

> Janete e eu desenvolvemos a capacidade de pensar tudo, qualquer coisa que viesse à tona valia a pena. A gente discutia os prós e contras e o que isso acarretava. Gostávamos muito da fantasia, porque na novela o importante é surpreender. [...] O importante era que nós não tínhamos vergonha de fazer fantasia. Cabia a mim, a ela, ou a outro diretor que fosse encarregado da novela, tornar aquilo crível, não precisava ser muito verídico, bastava ser crível (Daniel Filho, 2001: 115-116).

Boni conta com mais detalhes o processo de demissão de Glória Magadan, que representava, na Globo, o modelo de telenovelas em época antigas e lugares exóticos. Ela foi contratada com exclusividade e muitos poderes:

> As cláusulas sublinhadas lhe concediam os direitos leoninos. Entre outros o de escolher todos os textos para os horários de novelas da Globo; escolher autor, diretor e elenco; contratar e demitir, livremente, todos os funcionários ligados ao departamento de novelas (Oliveira Sobrinho, 2011: 214-215).

Tais prerrogativas teriam sido oferecidas a ela por Walter Clark, porque, "se não desse essas condições à Glória, ela não viria para a Globo" (Oliveira Sobrinho, 2011: 215).

Glória Magadan dominava um estilo de dramalhão que perdia popularidade no país. Suas novelas tinham problemas principalmente em São Paulo, e Boni se incomodava pois era "o principal mercado", considerando que com Magadan eles estavam "andando para trás" (Oliveira Sobrinho, 2011: 217). Segundo ele, ela "não era má pessoa e conhecia seu ofício", mas "seu erro era não abrir mão das ideias nas quais acreditava e achar que sabia mais que todo mundo" (Oliveira Sobrinho, 2011: 222).

A baixa audiência em São Paulo das novelas exóticas deve ter sido importante na contratação de dramaturgos paulistas de estilo realista, entre os quais Jorge Andrade. O novo estilo de novelas – contemporâneo e urbano – tinha maior repercussão em São Paulo, onde as novelas exóticas acumulavam resultados sucessivos de baixa audiência. O desafio dos novos autores contratados para as 22 h era encontrar um sutil ponto de equilíbrio entre o popular e o inteligente. Este equilíbrio foi buscado, nos anos seguintes, por tentativa e erro.

Na leitura das sinopses, nota-se que o conjunto dessas telenovelas era heterogêneo. Entre 1971 e 1972, Bráulio Pedroso escreveu principalmente sátiras urbanas, brincando com os temas de ascensão e decadência social. Fazia caricaturas de pobres e ricos, artistas, hippies, herdeiros etc. Em *O Cafona* (1971), por exemplo, há "três jovens cineastas [que] querem fazer o filme mais radical do cinema brasileiro: *Matou o Marido e Prevaricou com o Cadáver*". Os personagens se chamam Cacá, Rogério e Julinho, referência a Cacá Diegues, Rogério Sganzerla e Júlio Bressane, e o título do filme planejado remete a *Matou a Família e Foi ao Cinema*, longa-metragem de 1969, dirigido por Júlio Bressane, marco do cinema marginal brasileiro (*Projeto Memória das Organizações Globo*, 2003: 30).

No início dos anos 1970, Dias Gomes também escreveu tramas urbanas. Suas primeiras novelas nesse período tinham um tom mais realista (*Assim na Terra Como no Céu*, *Bandeira 2*). Depois, ele aumentou o grau de sátira (*O Bem-amado*, *O Espigão*, *Saramandaia*). Isso indica que um dos elementos importantes nas novas novelas – para ampliar seu público além da convenção da mulher fantasiosa e sonhadora – era o humor. Na década de 1960, os concorrentes das novelas eram os *shows* humorísticos e musicais. As novelas passaram a englobar alguns recursos atrativos desses programas, através da trilha sonora e dos temas humorísticos inseridos nos enredos.

Em meados da década, com a entrada de Jorge Andrade e Walter George Durst, o horário realista, cotidiano e urbano abriu-se para a memória, o regionalismo e as adaptações literárias. Mas não se abandonaram as preocupações políticas e sociais. O passado (*Nina*) e o regional (*Gabriela, O Bem-amado*) são cenários de debates para questões do momento. Essas questões eram muito abrangentes: o termo "realidade brasileira" foi muito usado ao se falar dessas obras, mas o sentido dessa realidade variava para cada autor. Em *Nina*, por exemplo, há muito destaque para a disputa entre os partidos políticos, a emancipação feminina e a vida cotidiana dos artistas (músicos e dançarinos). Em outras obras, destaca-se o crescimento urbano, a sexualidade, questões econômicas e outros temas que serão mencionados no próximo capítulo.

Resumindo, as informações sobre o início dos anos 1970 sugerem que, num período de afirmação institucional, vários escritores foram convidados a trabalhar na TV Globo e tiveram oportunidade de mostrar o que podiam e queriam fazer. Havia certa margem para experimentações, e, nesse período, propostas bem ousadas foram aprovadas, produzidas e exibidas. Ainda não havia, na TV Globo, um histórico de fracassos que justificasse o cancelamento de certos projetos ainda na origem. Era uma estratégia de experiência e risco liderada por Boni, que, naquela época, era responsável pelas grandes decisões de produção.

Alguns estudiosos sugerem o marco de 1977 e a drástica queda de audiência às 20 h, com *Espelho Mágico* (Lauro César Muniz, 20 h), para o fim desse período de experimentação. Kehl entende que *Espelho* "representa o apogeu [da trilogia modernizante do autor] [...] – e ao mesmo tempo, por sua própria ousadia, o fim da linha". Segundo ela, o fracasso de público de *Espelho Mágico* seria usado como argumento para que a programação voltasse "ao nível folhetinesco" (Kehl, 1986: 317). Campedelli afirma praticamente o mesmo: "O questionamento, base do discurso de

Espelho Mágico, revelou-se impróprio para o horário das 20h. Descarta-
-se a alternativa" (Campedelli, 1985: 35-36).

Mas não é exato escolher um ano ou obra para simbolizar este fim.
A situação foi diferente para cada autor, conforme os resultados específicos de cada obra. Existem relatos de cansaço e desânimo dos autores
aqui mencionados, a partir de 1978. Um desânimo que se manifestou em
obras sombrias logo ao final dessa década: *Sinal de Alerta* (Dias Gomes,
1978-1979) e *Os Gigantes* (Lauro César Muniz, 1979-1980).

Estas duas novelas tiveram problemas de audiência, no fim dos anos
1970. Uma repercussão negativa semelhante à de *O Grito*, alguns anos
antes[9]. Os três casos parecem indicar que a indústria do entretenimento
suportava melhor a rebeldia que o desânimo.

Uma análise da trajetória dos autores, levando em conta os resultados
consecutivos de audiência e repercussão, deixa razoavelmente claras as
estratégias da TV Globo diante de um fracasso. Numa fase de experiências, buscando sistematizar um modelo de produção e negócios, os dramaturgos tiveram certa liberdade, testando assim os limites do veículo
no que diz respeito a audiência e questões institucionais. Sendo uma estratégia de tentativa e erro, num veículo de enorme alcance social e en-
volvendo muito dinheiro, a relação ia se alterando conforme o resultado
das obras, gerando um histórico para guiar os novos projetos.

Boni, chefiando sua equipe, parecia se esforçar para manter os bons
dramaturgos. Uma novela mal sucedida poderia levar a orientações mais
precisas, mudanças de horário ou formato: mas evitava-se demitir. O
caso de Lauro César Muniz em *Os Gigantes* (1979-1980) pode servir como
exemplo, por estar bem documentado na imprensa de então. Era uma
novela sombria, que desagradou anunciantes e Dina Sfat, atriz que interpretou a protagonista (Almeida, 1980). Reportagens de época mostram que Boni tentou evitar a demissão de Lauro César, solicitada por
instâncias superiores. E, passados alguns anos, ele foi recontratado. Um

---

9. Ver, no capítulo "Reconhecimento e Recepção", mais detalhes sobre a repercussão de
O Grito.

projeto fracassado reorganizava a relação do autor com a empresa, mas a ruptura era evitada.

O mesmo ocorreu com Dias Gomes, Bráulio Pedroso e Walter Durst. Gomes e Durst passaram das novelas aos seriados, no início da década de 1980. Pedroso escreveu uma novela leve em homenagem às chanchadas, para o horário das 19h (*Feijão Maravilha*), e em seguida também colaborou no seriado *Plantão de Polícia*, que estreou em 1979.

1.3 Meados da década

Levando em conta o cenário que se acabou de descrever, como podemos situar o trabalho de Jorge Andrade na TV Globo, que começou em 1973 com *Os Ossos do Barão*, até a produção de *O Grito*, em 1975?

Em meados da década de 1970, a TV Globo já tinha a maior audiência do país. O caráter experimental das novelas das 22 h tinha dois aspectos: oferecia-se alguma liberdade artística aos autores, e estes, ao mesmo tempo, tinham sua eficiência testada. A liberdade criativa moderada (mas bem razoável, para um sistema de produção industrial) não isentava os escritores de suas obrigações básicas: em primeiro lugar, produzir cinco capítulos por semana (a novela das 22 h não era exibida aos sábados)[10]; e com estes garantir uma audiência média e repercussão positiva, conforme a expectativa da empresa. Se bem-sucedidos, os dramaturgos manteriam seus empregos e poderiam até ser promovidos ao horário nobre das 20 h, como aconteceu com Lauro César Muniz, em *Escalada* (1975), e iria acontecer em seguida com Dias Gomes, quando *Roque Santeiro* foi censurada (agosto de 1975).

Em 1975, o tema "telenovela" é capa da revista *Veja* pela segunda vez (a primeira capa, em 1969, é comentada na conclusão desta tese). Apa-

---

10. Variações excepcionais podem ter acontecido, como no caso de Bráulio Pedroso, que gostava de improvisação. José Wilker, que fazia o papel do hippie Bandeira, conta que nos scripts havia indicações como: "Então Bandeira entra na sala e fala o que quiser" (disponível em memoriaglobo.globo.com/Memoriaglobo/0,27723,GYN0-5273-229777,00.html, acesso em 10 ago. 2011).

recem os retratos de Glória Menezes, Francisco Cuoco, Tarcísio Meira, Regina Duarte e Eva Wilma, compostos solenemente como as faces presidenciais no monte Rushmore. A chamada de capa é "No País das Telenovelas".

A reportagem destaca espectadores exemplares, escolhidos por sua variedade. A telenovela virou a "grande mania nacional". O olho da matéria anuncia: "Histórias da telenovela, que em dez anos fez do Brasil a terra prometida das emoções em capítulos" ("A Grande Mania...", 1975: 70). São histórias de espectadores de várias idades, regiões e faixas de renda – no litoral do Paraná, em Recife, em Ilhéus, no interior do Rio Grande do Sul, na fronteira com o Uruguai. Não é apenas o "espectador típico" que assiste novelas. O texto indica que "a televisão brasileira tornou-se capaz de atingir a quase totalidade do país", ultrapassando largamente o perfil estabelecido pela Divisão de Análise e Pesquisa da TV Globo, que definia a maioria estatística dos espectadores como "uma mulher [com] mais de 30 anos e dois filhos, curso secundário incompleto, [que] trabalha no comércio, mora nas periferias das grandes cidades e pertence às chamadas classes C e D" ("A Grande Mania...", 1975: 75).

No meio da reportagem há um box intitulado "O Futuro das Telenovelas", com sinopses das próximas estreias. Entre cinco resumos (um deles incerto, pois ainda não estava decidido quem substituiria às 20 h a reprise de *Selva de Pedra*, depois da proibição de *Roque Santeiro*), consta *O Grito*, prevista para o horário das 22 h: "A história conta a vida dessas pessoas, esmagadas pela cidade grande e sua luta para preservar a própria individualidade" ("A Grande Mania...", 1975: 77).

Os autores de novelas aparecem em outras reportagens. Em abril de 1974, logo após o fim de *Os Ossos do Barão*, Jorge Andrade e Dias Gomes estão juntos na entrevista das páginas amarelas de *Veja* (a organização do texto sugere que os dois foram entrevistados separadamente, e depois as respostas foram reunidas na edição). Jorge Andrade declara que sua experiência com *Os ossos do barão* foi de "liberdade total de criação" e "felicidade total e absoluta" (Ziroldo; Salem, 1974). Ele havia sido convidado a adaptar suas peças de sucesso, e teve a liberdade de escrever da sua maneira:

[...] como telespectador, Andrade confessa que se limitava a assistir aos telejornais e, provavelmente, a partir do convite de Daniel Filho, a *O Bem--amado*. Esta pouca intimidade com a TV foi, ao mesmo tempo, o principal motivo de Jorge Andrade ter sido convidado pela Globo, e o maior problema que ele enfrentou para escrever a sua novela. "Eles pediram que eu escrevesse com a maior liberdade e que não procurasse trocar ideias com nenhum outro autor ou qualquer outra pessoa ligada à TV", conta ele ("Ossos na TV", 1973).

A versão televisiva de *Os Ossos* foi considerada bem sucedida pelos diretores artísticos da empresa e outros profissionais da área (Silveira, 1974; Távola, 1975a) e deixou boas memórias aos admiradores do gênero (Alencar, 2004: 140), sendo regravada em 1997, com adaptação de Walter Durst ("Boa História...", 1996).

Quanto à audiência de *Os Ossos*, Jorge Andrade afirma que a obra foi assistida por novecentos mil espectadores, em média, no Rio de Janeiro[11].

Na entrevista a *Veja,* Jorge Andrade considera que a televisão "foi correlatíssima" com ele e elogia a direção e os atores, pois as cenas no vídeo eram "exatamente como as havia imaginado". Com a experiência, ele teria feito uma descoberta "muito importante para um escritor": a possibilidade de "dizer, através da TV, tanto quanto eu posso dizer através do teatro". Quase ao fim da entrevista, Andrade manifesta novamente seu otimismo: "É um veículo aberto a toda a espécie de sensibilidade. Se eu tenho qualidades, se eu realmente tenho uma visão do mundo, se tenho alguma coisa de importante a dizer, eu posso dizê-lo através da TV" (Ziroldo; Salem, 1974: 6).

A entrevista flagra um entusiasmo pontual, depois de uma experiência que deu certo. Considerando a estratégia de tentativa e erro já mencionada, podemos sugerir que o sucesso de *Os Ossos* estabeleceu o clima favorável para que Jorge Andrade escrevesse *O Grito*. Na relação com a emissora, ele provavelmente teria conquistado o direito de escolher com certa liberdade o tema e estilo de sua próxima novela.

---

11. Artur da Távola escreve no jornal *O Globo*, no ano seguinte, que um ponto de Ibope, no Rio, era equivalente a 54 300 espectadores (Távola, 1975b).

COLEÇÃO POLÍTICAS CULTURAIS

1.4 As boas telenovelas

Além de fazer as observações acima sobre a postura geral dos profissionais de TV, julguei importante coletar informações específicas sobre os roteiros de telenovelas. Que histórias eram valorizadas, que estilo de narrativa e outros recursos de dramaturgia eram preferidos?[12]

As observações a seguir são baseadas em artigos do jornal *Folha de S. Paulo*, da revista *Veja*, do *Jornal do Brasil* e da revista *Amiga TV*[13]. Na leitura das reportagens, foram selecionados trechos relativos a dramaturgia, narrativa ou algum aspecto temático importante. A amostra inclui cerca de trinta reportagens e críticas, publicadas entre 1969 e 1979. Tais relatos mostram a opinião de jornalistas e críticos com diferentes posturas (seria oportuna, em outro momento, uma pesquisa que contextualizasse o trabalho dos críticos mais importantes aqui citados, principalmente Helena Silveira e Artur da Távola, além da linha editorial da revista *Veja* no período analisado). Não se trata do público geral, mas são indícios da recepção no período de exibição das obras. A opinião dos jornalistas nem sempre coincidia com os critérios de avaliação das emissoras, mas oferecem parâmetros para reflexão.

Cassiano Gabus Mendes, na reportagem da revista *Veja* já citada, faz uma lista das melhores estratégias para que o desenvolvimento de uma telenovela funcione junto ao público. A primeira fórmula é "criar alguma coisa diferente. Algo que tivesse um 'treco', quero dizer, uma coisa insólita, que marca um personagem, que lhe dá um apelo diferente" (*Os Filhos...*, 1969: 29).

Eis a lista completa dessas estratégias:

12. Uso alternadamente as palavras "narrativa" e "dramaturgia", consciente das questões teóricas envolvidas. A ficção televisiva, em sua construção ampla, é narrativa (épica), por sua liberdade de articulação de cenas em tempos e espaços diferentes. Por outro lado, na construção das cenas isoladas usam-se as técnicas de dramaturgia do teatro naturalista ou burguês. As palavras serão usadas conforme o contexto mais apropriado.

13. As reportagens de *Veja* e *Folha de S. Paulo* vêm de pesquisa encomendada e de consultas no arquivo digital dos dois veículos. Quanto às do *Jornal do Brasil* e da revista *Amiga TV*, foram coletadas no acervo do site TV-Pesquisa, da PUC-Rio.

Para Cassiano, o sucesso da telenovela depende de o diretor saber trabalhar cinco fórmulas básicas: 1) O Treco. 2) O Mistério, situação chave da história que o público desconhece e os personagens não, ou vice-versa. 3) A Apelação, maneira de subir um IBOPE que está caindo por meio de traumas a gosto do público, como desastres, enlouquecimentos, paralisias, amnésias. 4) O Esticamento, recurso de manter um IBOPE alto esticando a função do personagem ou do capítulo que motivou o alto interesse popular. 5) A Decisão Drástica, forma de destruir um personagem que se incompatibiliza com os espectadores ou com a emissora, mandando-o para longa viagem sem regresso ou mesmo matando-o (*Os Filhos...*, 1969: 29).

Nesta passagem, destaca-se a questão do "efeito": a boa novela não é necessariamente um texto bem escrito, conforme os parâmetros artísticos ensinados em escolas de dramaturgia; a qualidade está no efeito obtido, na reação dos espectadores. As técnicas de dramaturgia são utilizadas para esticar ou encurtar o que funciona ou não funciona. Importante é a novidade, o "apelo diferente". Um tema não é bom ou mau em si, mas apenas se desperta interesse. E a chave do interesse está no pitoresco, no "insólito".

Outros depoimentos de época complementam a importância da novidade e da surpresa em tais produtos de entretenimento. Dias Gomes diz a *Veja*, em 1971, que "mesmo o mais realista dos autores de novela" não pode evitar "a intriga tortuosa e cheia de afluentes, o suspense final de cada capítulo" (*Novela a Dois*, 1971: 58).

Walter Durst comenta em *O Globo*: "É importante saber que uma novela de televisão tem que ter princípio, meio e fim, muita trama, um bocado de humor e vários momentos de dramaticidade" ("Quem se Habilita...", 1977)[14].

---

14. Escolhi depoimentos da década de 1970, mesmo que posteriores à exibição de *O Grito*. Considerei que a percepção geral sobre as telenovelas seria parecida entre 1975 e 1979. Além disso, encontrei muito material da segunda metade da década (mais do que da primeira metade), e a inclusão desses artigos enriquece a análise.

Nas críticas de época, o ritmo é um dos aspectos de dramaturgia mais mencionados. Elogia-se a agilidade: "Lima Duarte [...] assumiu a direção, imprimindo à telenovela [Beto Rockfeller] um ritmo ágil, alegre, quase de cinema, aproveitando-se das muitas cenas externas..." ("A Novela Não É...", 1969); "Ela [Janete Clair], por sua vez, lhe ensinou [a Dias Gomes] uma tática que ele hoje considera a chave do sucesso do casal: não poupar acontecimentos nos primeiros capítulos, sem receio de que a história perca o interesse" ("A Novela Não É...", 1971: 58); "E a novela em sendo inteligente sabe prender logo ao início. Não há demoradas cenas para que pintem a psicologia dos personagens. Eles logo se mostram no relacionamento estabelecido entre eles" ("Inteligência, O Predicado...", 1978); "Muita coisa já aconteceu em Pai Herói. Nesse sentido, não se diga que não lhe falta dinamismo" ("Pai Herói", Engenhoso..., 1979).

Critica-se a falta de novidades, o ritmo arrastado: "O ritmo de Bandeira 2 não foi o que se pode dizer excelente. Arrastou-se, algumas vezes, antes do pulo para um bom suspense" ("Bandeira 2 Termina", 1972); "Exatamente como em sua produção anterior, O Casarão, Lauro César Muniz mantém seus atuais personagens [de Espelho Mágico] há mais de um mês exatamente no mesmo ponto em que se encontravam no primeiro capítulo" (Dutra, 1977); "[sobre Sinal de Alerta]. Contudo, terminada a sequência fulminante dos cinco primeiros capítulos, exibidos no ritmo de um documentário, raramente a novela consegue apreender o real em toda sua vitalidade" (Leite, 1978: 70).

Em relação direta com o ritmo, está o recurso das reviravoltas. Esse aspecto é mencionado em muitos artigos na imprensa, às vezes em elogios, às vezes em críticas. A reviravolta é uma surpresa agradável, se for convincente; se não convencer, torna-se "forçada", um "pula-pula", ou então automática e cansativa: "[Sobre Pai Herói] Ela própria [Janete Clair] reconhece que principiou personagens com um fio psicológico e depois os fez pular para outro. [...] Claro que a crítica [...] vê o pula-pula, a descontinuidade, a perna-quebrada, irremediavelmente sem conserto da bailarina..." ("Os Defeitos do Pai...", 1979; "[sobre Um Sol Maior, de Teixeira Filho]. Isso porque a torrente de acontecimentos não retira a monotonia de cena, pois a ação é forçada e os atores se limitam a dizer corretamente sua parte de fantoche" (Dutra, 1977).

Em geral, as reviravoltas propostas pelos autores mais "eruditos" são aplaudidas. Mais cuidadosos com estilo e verossimilhança, seu risco está no outro extremo – andamento excessivamente lento, portanto cansativo. Mas, quando conseguem ser ágeis, os textos de tais autores trazem uma novidade que os distancia dos outros: "[sobre *Assim na Terra Como no Céu*, de Dias Gomes]. Reviravoltas tão inesperadas é que sustentam o interesse por essa novela onde o adultério deixa de ser crime e os sete pecados capitais adquirem a condição de um objetivo da vida ("Retrato Carioca", 1970: 78); "[sobre *O Cafona*, de Bráulio Pedroso] [...] os acontecimentos não têm curso certo, ao contrário das historinhas muito conhecidas, nas quais desde o começo já se sabe que no fim a empregadinha feiosa e pobre acabará conseguindo casar com o patrão disputado e rico" (Moisés, 1971).

Janete Clair, por outro lado, raramente é acusada de chatice; mas, muitas vezes, sua capacidade de "fabulação" é considerada exagerada, chegando ao "absurdo" e à "idiotice":

> [...] o telespectador critica os absurdos diários da novela[15] [...] É impressionante o número de leitores que têm reclamado contra as idiotices de *O semideus* [...] Ele [o público] exige um mínimo de credibilidade na ficção e na conduta dos personagens [...] *O semideus* é um verdadeiro insulto ao bom senso (Andrade, 1973); "[sobre *Pecado capital*] Enfim, conseguiu-se evitar as confusões típicas dos enredos de Janete Clair – notável no passado

---

15. *O Semideus*. Esta é a sinopse, segundo o site Memória Globo: "Hugo Leonardo (Tarcísio Meira), poderoso industrial famoso pela personalidade excêntrica e pelo temperamento instável, desaparece depois de um misterioso desastre de lancha. Na verdade, o "acidente" não passa de uma manobra dos seus inimigos – Alberto Parreiras (Juca de Oliveira), Gildo Graça (Felipe Carone) e Pontes (Paulo Padilha) – para eliminar Hugo e usurpar seu império. Eles aproveitam o sumiço do empresário e o substituem por Raul (também Tarcísio Meira), um sósia perfeito que assume o comando da sua vida e dos seus negócios. [...] A história dá uma guinada quando o verdadeiro Hugo Leonardo, com o rosto deformado por causa do acidente, volta para reassumir o seu lugar" (disponível em: www.memoriaglobo.com, acesso em 3 fev. 2012).

por sua disposição em embaralhar ações, fazer nascer e morrer personagens, e transformar suas novelas em indecifráveis tumultos (Chrysóstomo, 1975).

Além do ritmo, outras questões são valorizadas: o humor, ou certa "elegância", às vezes também descrita como "inteligência"; o pitoresco, ou seja, personagens "interessantes"; e o profissionalismo. Quanto ao profissionalismo, são admiradas as histórias bem planejadas, com começo, meio e fim (em oposição a histórias que se esticam indefinidamente ou acabam bruscamente). Elogiam-se também o recurso a tramas paralelas; a eficiência narrativa; e a verossimilhança.

Vejamos alguns exemplos.

Primeiro, sobre o humor e a elegância.

[sobre *Locomotivas*, de Cassiano Gabus Mendes] Lá o sonho já foi realizado, não há mais pobres e nem se luta mais pela vida. Eles só querem, só pensam em namorar. [...] Belamente confeitada, segundo todas as receitas da Metro dos anos 50 e das Panteras atuais, a novela é um eterno desfile de modas, penteados, adereços e calçados (Dutra, 1977).

Com um texto bem ajustado, personagens bem-acabados para uma série de ficção da televisão e muito charme, *Nina* [de Walter George Durst] também impressiona agradavelmente pelo seu tom descomprometidamente alegre e, ao mesmo tempo, seu espírito jovial e camerístico (Maia, 1976).

E mais: "[sobre *Dancin' Days* e seu autor, Gilberto Braga] Cumpriu com brilho o esperado, numa linguagem mais atual do que a de Janete, criando personagens e situações plenas de charme e muita técnica específica" (Dutra, 1979).

E algumas considerações sobre o pitoresco:

[sobre *Assim na Terra Como no Céu*, de Dias Gomes] [...] novela que seu autor, Dias Gomes, define como uma crônica de um certo estilo de vida de um determinado grupamento humano da zona sul carioca – República de Ipanema, Território Livre do Leblon, Selva de Copacabana e adjacências –, com sua fauna conhecida de paqueras, vigaristas, boas-vidas, garotas-de--ipanema e homossexuais ("Retrato Carioca", 1970: 78).

[Sobre *Dancin' Days*] Tudo começa e termina em Copacabana, bairro que é uma salada democrática, onde convivem ex-habitantes do subúrbio com milionários em decadência, funcionários de escritórios com os últimos sobreviventes dos velhos e bons tempos em que a região era o paraíso na Terra da classe média brasileira (Leite, 1978: 68).

Ou então: "[sobre Janete Clair] Em *Duas Vidas* andejou pela periferia carioca de modo a flagrar momentos e tipos interessantes" ("Os Defeitos do *Pai...*", 1979).

O uso de certos artifícios narrativos, como as tramas paralelas, é destacado: "A novela [*Irmãos Coragem*] desenvolve a mesma técnica do *Véu*: narrativa simultânea e entrelaçada de várias histórias (ao contrário de uma só trama central, fórmula de *O Direito*, seguida por quase todas)" ("A Coragem Vence", 1970: 68).

Essas qualidades (humor e elegância, o pitoresco, e o profissionalismo) são opostas ao modelo anterior de "dramalhão", em que se recriminava o excesso de choro e sofrimento. Como, por exemplo, comenta-se sobre Éramos Seis, de Sílvio de Abreu e Rubens Ewald Filho: "Aqui tudo é rotina, aquele bruto novelão pleno de dramas, sacrifícios maternos, pais bêbados, filhos infelizes e irmãs solteiras" (Dutra, 1977).

A mesma recriminação do excesso de lágrimas é feita a respeito da regravação de *O Direito de Nascer,* em adaptação de Teixeira Filho, realizada pela TV Tupi em 1978:

Quando os *outdoors* de São Paulo davam o cognome de "a novela de verdade" para *O Direito de Nascer,* garantiam ao telespectador todo o dramalhão e o melodrama encontráveis nas novelas radiofônicas de antigamente. Uma novela de verdade: choros, juramentos, pactos, filhos ilegítimos, segredos e alcovas. [...] *O direito* é um vasto e arrastado dramalhão. Tirando isso, não é absolutamente nada (Alves, 1978: 69).

Mas, acima de tudo, recrimina-se o repetido, o já conhecido, as fórmulas prontas. As ideias perdem a graça quando repetidas sem um acréscimo de novidade, sem um novo "treco". Mesmo as novidades "bem--humoradas" podem virar fórmula, tornando-se cansativas. Um crítico recrimina *O Rebu,* de Bráulio Pedroso: "Na verdade, *O Rebu* repete os temas e a posição crítica de *Beto Rockfeller.* Apenas não há conflitos de tão fortes motivações sociais quanto no exemplo anterior" (Chrysóstomo, 1974: 89). Sobram críticas também para as fórmulas de Janete Clair, "tradicional confeiteira de açucarados campeões de audiência": "[...] as declarações da autora [...] faziam prever uma nova miscelânea lacrimosa" (Chrysóstomo, 1975); ou "Parece que as novelas se inspiram umas nas outras não esperando distância de tempo" ("Pai Herói, Engenhoso...", 1979).

Por fim, elogia-se o que é "simples", "enxuto" e "lapidado". O "hoje e o agora" despertam interesse. É isso que causa "rebuliço".

Essas passagens, colhidas em textos da época, confirmam o que Daniel Filho escreveu em *O Circo Eletrônico,* lançado em 2001. Ele foi o diretor de telenovela mais importante da década de 1970, responsável pela consolidação do estilo "nacional" e "cinematográfico" na tv Globo. Seu livro resume bem sua visão da telenovela brasileira e as técnicas aprendidas por experiência. Sua referência em dramaturgia é Janete Clair, sempre confiável para "um melodrama muito bem escrito" (Daniel Filho, 2002: 25). Para ele, "fazer tv desde o início sempre foi criar novidades, buscando obsessivamente ir ao encontro do gosto, do momento, das expectativas do público" (Daniel Filho, 2001: 33).

Daniel Filho faz considerações sobre dramaturgia e menciona alguns elementos necessários em toda telenovela. Afirma que a narrativa deve ser ágil e clara – "em novela, a história tem que ser dada de bandeja" (Daniel Filho, 2001: 176). Em sintonia com a antiga estratégia de Cassiano Gabus Mendes, considera importante a presença de um personagem principal "intrigante, diferente, sedutor" (Daniel Filho, 2001: 68). A novela terá destaque também pela "novidade lançada por ela" (Daniel Filho, 2002: 68). Elemento essencial é o "escândalo" inicial: usa como exemplos a volta da filha expulsa, a presidiária libertada, a filha que trai a mãe, o morto que reaparece (Daniel Filho, 2001: 69).

Outro aspecto destacado é a emoção: uma novela precisa ter "sensualidade", "amor", "afeto" e "fraqueza" (Daniel Filho, 2001: 70-71). "É essencial o público chorar no primeiro capítulo" (Daniel Filho, 2001: 151) e, além disso, "o casal tem que se beijar, o público gosta de ver pessoas apaixonadas se beijando" (Daniel Filho, 2001: 152).

Em resumo, uma boa novela deveria ser insólita, tortuosa, alegre, dinâmica, elegante, jovial, charmosa, atual, simples, clara, comovente e apaixonada.

1.5 Aspectos técnicos dos roteiros de telenovela

Talvez não exista uma diferença essencial, do ponto de vista teórico, entre as rubricas de uma peça de teatro e de um roteiro para televisão. Nos dois casos, trata-se da descrição de uma encenação potencial, imaginada pelo autor (Azevedo, 2001a; Ramos, 2001). Entretanto, o sistema de produção das telenovelas da TV Globo, baseado no modelo dos estúdios cinematográficos americanos, atribui às rubricas um caráter imediato e pragmático, diferentemente do meio teatral brasileiro em que Jorge Andrade se formou.

Nesse sistema de produção, o escritor tinha a responsabilidade prática de adiantar a organização das gravações. Ele fazia a composição inicial das cenas a serem gravadas, já descrevendo o que os atores fariam, o que diriam, o que seria mostrado. Na gravação, o diretor faria adaptações breves por questões pragmáticas ou artísticas (por exemplo, adequar as ações aos cenários e movimentos de câmera, ou dar ênfase a certas falas), mas – por rapidez e praticidade – seguiria o sentido proposto pelo autor. A encenação (para gravação imediata) não era o momento de ponderação das questões artísticas, com releituras ou reinterpretações. O autor já deveria escrever no estilo desejado pela emissora, sendo o responsável por equilibrar o ritmo do capítulo, entre cenas dramáticas e cômicas, exposição e suspense, internas e externas, ação e diálogo. Esse era seu trabalho.

Capítulos que precisassem de revisão eram um problema. A revisão não era um processo de amadurecimento da obra, como em outros sistemas de produção que dispõem de mais tempo. A escrita dos roteiros seguia paralela à produção, e revisar nesse caso significava atrasar. A revisão era usada para correção de erros, quando a novela não atingia a audiência desejada ou causava alguma repercussão negativa. O escritor ideal seria aquele que não precisasse ser revisado.

E qual o modelo ideal das cenas e capítulos que o autor deveria entrega à produção?

Segundo Dias Gomes (Ziroldo; Salem, 1974), a linguagem da telenovela era "totalmente diferente da do teatro". Para ele, "no cinema, a imagem é mais importante que a palavra. No teatro, a palavra tem mais peso que a imagem. E na TV se realiza a equalização da imagem e da palavra: ambas têm o mesmo peso".

As novelas bem-sucedidas[16] da década de 1970 contêm um equilíbrio próprio entre diálogo, ações e imagens. A maioria das cenas é baseada em diálogo: dois ou três personagens conversam num ambiente interno, em cenário de estúdio. Eventualmente há cenas em que predominam imagens espetaculares e ação física (carros em movimento, brigas, cenas de sensualidade, paisagens). Tais cenas são mais comuns nos capítulos iniciais de uma novela, ou em períodos de clímax, que duram dois ou três

---

16. Para efeito desta argumentação, considero "bem-sucedidas" as novelas que tiveram boa audiência e repercussão positiva na imprensa, na época de sua exibição. Escolhi apenas exemplos evidentes, em que há vasto material em depoimentos e reportagens, como *Pecado Capital* e *Escalada*.

capítulos. Por exigirem maior esforço de produção, são recursos usados pontualmente para aumentar o grau de espetáculo.

A grande massa de cenas – tão familiares e domésticas que parecem não ter linguagem, como diz Kehl (1986: 278) – constitui-se de diálogo, entrecortado por pequenas ações complementares (abre porta, fecha porta, senta, levanta, aproxima-se, afasta-se, entra, sai). Nos roteiros de *Escalada* (Lauro César Muniz) e *Pecado Capital* (Janete Clair), novelas de êxito no ano de 1975, os diálogos são intercalados por rubricas a cada três ou quatro falas, em média. Mais raramente, aparecem passagens com oito ou dez falas em sequência, entre as rubricas.

O estilo de tais cenas vem da convenção naturalista, que pressupõe um "comportamento característico" (Williams, 2010: 137) para determinadas situações. Em geral, as ações complementam o diálogo, que é pronunciado em quase sincronia, construindo um mesmo sentido, sem contradições. Se o personagem aparece sorrindo, ele dirá o motivo que o faz sorrir. Se caminha agitado, o diálogo revelará o motivo de sua agitação. As mudanças de tom são anunciadas. Se um personagem está tranquilo e repentinamente se enraivece, a rubrica anuncia a mudança de expressão, e depois o diálogo a esclarece.

Vejamos alguns exemplos. Estes são trechos do primeiro capítulo de *Pecado Capital*, impresso em fac-símile no livro de Daniel Filho – e reproduzido na íntegra, pois Daniel Filho o considera exemplo ideal de roteiro de telenovela.

Logo nas primeiras cenas, é apresentado o personagem Salviano: empresário, dono de lojas; ele chega ao escritório e é cumprimentado pelos funcionários por seu aniversário de 50 anos.

> *Sobre a mesa há um jarro com rosas vermelhas* [...]. *Salviano entra, seguido por Djanira e Valdir, vê as flores.*
> DJANIRA – Fui eu que pus... o senhor gosta de rosas vermelhas?...
> SALVIANO – Gosto, dona Djanira... gosto muito...
> *Ele aspira o perfume das rosas e espirra.*
> SALVIANO – Desculpe... tenho alergia a flores...

Ela fica desolada.

DJANIRA – Mas como?... Me disseram que o senhor gostava de rosas. Vermelhas...

Ela olha para Valdir com raiva.

SALVIANO – Gosto, mas... de longe.

Valdir pega o jarro e coloca afastado da mesa.

SALVIANO – Não se preocupe, valeu a intenção. E eu estou muito sensibilizado... (Daniel Filho, 2001: 123-124).

Ou, como alternativa de exemplo, uma cena de Eunice. Ela estava na rua com um homem, que a puxou agitada para um taxi, perseguido pela polícia. A trama mais tarde revelará que era seu amante, que assaltou um banco. Quando chega em casa alterada, ela encontra o marido aviador:

Eunice entra. Está ainda sob a emoção da aventura que acaba de viver. Ela abre uma gaveta, pega um tranquilizante. Toma com água. Vê um quepe de aviador comercial sobre um móvel.

EUNICE – Ricardo! Ricardo, você está aí?

Ricardo entra, ainda de uniforme.

EUNICE – Oh, querido, você chegou?!

Ela se atira nos braços dele, beija-o.

RICARDO – Eu não lhe disse que vinha hoje?...

EUNICE – Oh, que bom! Quem bom que você está aqui!... (Daniel Filho, 2001: 134).

Note-se a pontuação constante entre diálogo e ação. Nos dois trechos, um elemento de novidade é introduzido pela imagem: as flores, o quepe de aviador. A imagem é acompanhada da expectativa de uma personagem feminina, explicitada em diálogo ("O senhor gosta de rosas vermelhas?", "Ricardo, você está aí?"). A resposta surge em ações: Salviano espirra (ou seja, não gosta de rosas), e Ricardo aparece (sim, ele voltou). E assim prosseguem as cenas, alternando falas e rubricas, de modo que a cena evolua sempre com alguma pequena novidade, entre o repertório habitual de gestos, emoções e cenários naturalistas[17]. Quase não há indicações de câmera ou edição. A gravação será feita também pelas convenções da teledramaturgia, pois precisam ser gravadas rapidamente. Sem tempo de caprichar, os diretores situam três ou quatro câmeras em estúdio, na técnica que Daniel Filho chama de "diretores de trânsito": o diretor diz "por onde os atores têm que entrar, andar e sair, zelando para que não se choquem em cena" (Daniel Filho, 2001: 192).

A mesma dinâmica se repete em *Escalada*, de Lauro César Muniz:

Antonio sentado, cabeça baixa entre as mãos, olhos no chão. Lampião perto. Está absorto. Algum tempo. Batem à porta. Antonio ergue-se. Marina abre a porta. Olha para Antônio que está um trapo: cansado, olheiras fundas, cabelos despenteados. No fundo ela não gosta de vê-lo ali.

MARINA – Hei…

Tempo. Antônio não responde.

MARINA – Você veio pra cá, pra se esconder? Pra pensar?

Antônio respira fundo.

ANTÔNIO – Marina… eu… (*gesto de derrotado*)

Marina aproxima-se.

MARINA – Vamos embora. Você precisa comer.

ANTÔNIO – Tô aqui numa luta comigo mesmo, há muito tempo.

MARINA – Eu sei… vem… (*estende a mão*) (Muniz, 1975, cap. 79: 11).

Armando indica uma cadeira para Marina que acaba de entrar.

ARMANDO – Senta.

Marina senta-se. Encara Armando.

ARMANDO – Tudo que aconteceu, eu previ.

Marina apática.

---

17. Uso o termo "naturalista" no sentido mais convencional de "naturalismo de salão" (Pavis, 2008, p. 381). Não me refiro, portanto, às experiências de naturalismo social do século XIX.

ARMANDO – Não pensa que eu estou contente com isso. Eu estou com pena... só isso... Se eu pudesse encontrar uma forma de ajudá-lo, eu...
Marina levanta-se.
MARINA – Obrigada, Armando!
ARMANDO – Espera!
MARINA – Você me chamou aqui pra me dar os pêsames, eu agradeço sensibilizada.
ARMANDO – Não é isso! Senta aí!
Marina hesita, depois senta (Muniz, 1975, cap. 80: 5).

Entre o texto de *Pecado Capital* e *Escalada*, nota-se alguma diferença de ritmo. *Escalada* tem pausas e silêncios, indicados pelas rubricas. Mas, quanto à movimentação, as cenas constroem-se de modo semelhante. No primeiro exemplo, a imagem apresenta uma situação: Antônio está deprimido. Marina o encontra e, por meio do diálogo, explica-se que ele se recolheu àquele lugar para refletir. As falas são acompanhadas de expressões e gestos que as complementam: uma frase incompleta ("Marina... eu...") conclui-se com um "gesto derrotado". Um chamado ("vem...") completa-se com uma mão estendida. No segundo exemplo, Marina fala menos (está "apática"). Nesse silêncio, justificado pelo desânimo, sua disposição em ouvir Armando é pontuada por movimentos: quando se dispõe a ouvi-lo, ela obedece e senta; quando se desagrada, levanta; depois cede novamente à insistência de Armando, e senta mais uma vez.

Mesmo descontextualizadas, tais cenas soam familiares a um leitor habituado à dramaturgia televisiva. O repertório de gestos e expressões naturalistas é usado em várias formas de entretenimento popular: cinema, teatro, televisão. São convenções compartilhadas por autores, diretores e espectadores, com as quais o escritor deveria compor suas cenas, já facilitando a futura gravação. A divisão de funções tem um sentido pragmático, que torna possível a produção de um enorme volume semanal de horas de teledramaturgia. Se o autor não participa desse fluxo, há uma sobrecarga para o diretor, como relata Regis Cardoso – diretor de

O Espigão e *Os Ossos do Barão*, entre muitas outras novelas na década de 1970 –, sobre o trabalho de Vicente Sesso (autor de telenovelas, pai do ator e diretor Marcos Paulo): "Um escritor de sucesso. Mas uma coisa me desagradava, ele me obrigava a inventar imagens para dar velocidade às sequências em que duas pessoas sentadas falavam quatro páginas sem parar!" (Cardoso, 1999: 121).

Novamente, a questão da velocidade. A velocidade de gravação, e a agilidade narrativa dos capítulos produzidos. Os autores poderiam ter leves variações de estilo e temas de preferência, desde que não rompessem com essa questão essencial.

2
O Grito, uma Telenovela Existencialista
* * *

O Grito era diferente das telenovelas da década de 1970. Mas quais as diferenças? Este capítulo busca demonstrá-las.

2.1 OS ROTEIROS DE *O GRITO*

Este estudo baseia-se em duas versões dos roteiros de *O Grito*: as cópias digitalizadas, um conjunto de 125 capítulos do Centro de Documentação da Rede Globo (Cedoc), e os originais do acervo da família de Jorge Andrade, que têm 134 capítulos.

As cópias da TV Globo foram digitalizadas a partir do microfilme, realizado em 1976, logo após a exibição da novela. A prática da emissora, na década de 1970, era redatilografar os capítulos enviados pelos autores[1]. O datilógrafo da empresa assinava suas iniciais ao final de cada roteiro, anotando também, frequentemente, a data do trabalho.

---

1. Informação fornecida pelo pesquisador Carlos da Silva Pinto, que participou de oficina de dramaturgia oferecida pela TV Globo, no segundo semestre de 2010.

Nesse material percebe-se o processo de revisão dos roteiros, que levou à redução de nove capítulos do original. Há correções manuscritas em várias páginas, com nova numeração dos capítulos. Em geral, as revisões fazem exclusão, inclusão ou mudança de ordem das cenas originais. São raras as alterações de detalhe, no corpo das cenas. Na nova numeração, alguns capítulos foram integralmente redatilografados, e não há rasuras. Outros contêm páginas reaproveitadas da primeira cópia, mostrando uma nova numeração (às vezes manual, às vezes datilografada) com a indicação "(novo)" sobre a numeração original (às vezes riscada, às vezes apagada).

O Cedoc da TV Globo autoriza anotações manuscritas, mas não é possível imprimir ou copiar os arquivos digitalizados. Consegui apenas algumas folhas avulsas, com a autorização da responsável, Laura Martins. Depois da primeira consulta no Rio de Janeiro, uma cópia do material foi enviada para a sede da emissora em São Paulo. A consulta agendada era permitida nos fins de semana.

A versão dos roteiros consultada no acervo da família tem 134 capítulos, que variam de quinze a 25 páginas cada. Estão bem organizados em sete pastas de arquivo.

Nas primeiras consultas aos roteiros, tanto nos arquivos da família quanto no Cedoc, meu objetivo era reduzir o volume de páginas, para ter em mãos um conteúdo que pudesse ser lido várias vezes, em observação mais cuidadosa.

Assim, foi feita uma leitura inicial completa da obra, do primeiro ao último capítulo, nos originais da família (de mais fácil acesso). Nessa leitura, os principais movimentos da trama foram anotados, levando em conta questões recorrentes da obra de Jorge Andrade e as convenções do gênero. Também selecionei cenas e passagens de destaque conforme marcaram minha própria percepção. A partir dessas anotações, escolhi vinte capítulos para fotocópia integral, além de algumas cenas avulsas.

Em seguida, comparei os capítulos fotocopiados com a versão digital da TV Globo. Anotei em cada cena sua nova numeração e, eventualmente, outras modificações.

Esse conjunto menor, de vinte capítulos, foi lido com atenção diversas vezes, durante a preparação e escrita da tese.

Ao longo do texto, as citações serão sempre baseadas no acervo da família, pois este é o material que pude fotocopiar. As referências indicarão o número do capítulo e da página desta fonte. Quando for importante para a argumentação, indicarei também as informações comparativas da cópia consultada no acervo da TV Globo.

2.2 AS FASES DA ESCRITA

Os roteiros originais (consultados no acervo da família) não são datados, com exceção do último capítulo, em que consta a data de 25 de fevereiro de 1976.

Já os roteiros digitalizados, do acervo do Cedoc, mostram várias datas, indicando o processo de revisão e gravação.

Por essas marcas, percebe-se que os roteiros dos primeiros capítulos ficaram prontos em junho de 1975. A novela estreou no final de outubro deste ano e, segundo reportagem da época, Jorge Andrade "escreveu quarenta capítulos antes de começarem as gravações" (Silveira, 1975a).

Nos primeiros setenta capítulos revisados (arquivo Cedoc), há muitas alterações, cortando cenas e adiantando a trama. Por volta do capítulo 40 original, por exemplo, reduziram-se cerca de oito capítulos (as principais cenas do capítulo 43 se adiantaram para o capítulo 35 revisado). Os cortes se intensificam e, no capítulo 100 original, há um adiantamento médio de 15 capítulos (o capítulo 113 original é igual ao capítulo 99 revisado). A partir de então, há um alongamento dos capítulos, e cenas que haviam sido cortadas voltam a ser inseridas.

É provável que tenha havido alguma hesitação na produção de *Saramandaia*, o próximo texto das 22 h, causando um esticamento no final de *O Grito*. Helena Silveira havia relatado, em 13 de dezembro de 1975, que as gravações da novela se encerrariam em fins de janeiro (Silveira, 1975b). Mas houve um prolongamento: em meados de janeiro, ela relata que "*O Grito* estava sendo programado para 120 capítulos. Agora, parece que Jorge Andrade deve encompridá-la para 135" (Silveira, 1976a)[2]. De fato, a novela esteve em exibição por 27 semanas, somando 135 capítulos[3]. Em fevereiro de 1976 algumas cenas ainda estavam sendo gravadas, como relata Silveira: "Valmor Chagas sofreu um acidente de moto [...] e, pelo visto, deverá gravar os últimos capítulos de *O Grito* com a perna enfaixada" (Silveira, 1976b). Note-se que fevereiro é justamente a data anotada no último capítulo do original de Jorge Andrade.

Minha hipótese é que os primeiros capítulos, escritos com antecedência, foram também gravados com antecedência. Mas, com a repercussão negativa no início da exibição (27.10.75), muitos capítulos foram reeditados. A partir daí os roteiros foram remontados, levando em conta esse novo planejamento, para assim direcionar os trabalhos: tanto de reedição das cenas prontas, quanto novas gravações. Isso explicaria a aparente contradição entre algumas anotações. Por exemplo, no capítulo 35 do Cedoc está escrito "Rodado e montado – 6.12.75", enquanto no capítulo 50 anotou-se "Rodado – 8.11.75". Provavelmente a data do capítulo 35 (início de dezembro) foi a de edição, enquanto a do capítulo 50 (início de novembro) é a de gravação. As duas fases distintas – gravação e edição – ficam claras no roteiro revisado do capítulo 59, em que uma anotação na capa diz: "Rodado – 26.11.75", enquanto ao fim anotou-se "5.1.76". As cenas tinham sido gravadas e, um mês e meio depois da gravação, o capítulo que era originalmente 72 foi editado como número 59.

Note-se que o mês de novembro é o mais tenso na exibição da novela, que estreou em 27 de outubro. Foram muitas manifestações negativas, conforme será detalhado no último capítulo desta tese. Essa repercussão negativa deve ter motivado a reorganização dos roteiros e reedição dos capítulos, que depois se estabilizaram e já não mostram tantas correções.

2. Silveira menciona a expectativa sobre o parecer da censura a *Saramandaia*, pois a novela anterior de Dias Gomes, *Roque Santeiro*, foi censurada em 1975.
3. Há alguma informação perdida sobre esse prolongamento, pois os capítulos no arquivo da TV Globo mantêm a numeração até 125. Mas esse material tem algumas falhas e anotações manuscritas, então é possível que compilação dos roteiros tenha se realizado como possível, quando houve o arquivamento em microfilme, mantendo certa confusão que é habitual em produções que sofrem muitos cortes e revisões.

A possível reação de Jorge Andrade a essas manifestações será discutida mais à frente.

Há outros indícios temporais, relacionados a acontecimentos registrados na imprensa. No capítulo 35 original, há uma cena avulsa inserida com a seguinte anotação: "Página 19, regravar a cena 10". Segue a nova versão da cena 10, em que o personagem Gilberto comenta a implosão do edifício Mendes Caldeira[4]. O evento teve ampla cobertura televisiva num domingo, 16 de novembro de 1975, e foi capa da *Folha de S. Paulo* no dia seguinte ("A Emoção do...", 1975: 12). Tal cena foi escrita com a novela já em exibição (o capítulo 35 seria exibido dia 12 de dezembro).

Em 29 de novembro do mesmo ano, faleceu o escritor Érico Veríssimo. Há uma cena avulsa escrita sobre essa morte, encaixada no capítulo 115 original.

Nesses dois casos, não consegui encontrar as novas cenas na versão revisada dos roteiros. Existe a chance de minha procura ter sido insuficiente, pois a consulta na sede da TV Globo em SP não fornecia recurso de busca de palavra. Mas também é possível que a proposta de Jorge Andrade tenha sido desconsiderada pela TV Globo. Mas outro caso foi incluído:

Em 27 de novembro, a *Folha de S. Paulo* publica uma entrevista com Jorge Andrade, em que ele relata o telefonema de uma telespectadora: "O senhor diz que nós não temos praças. Por que é que o senhor não mostra uma praça tão bonita como a praça Buenos Aires?" (Penteado, 1975: 52)[5]. Em cena do capítulo 58 original (46 revisado) há uma breve fala em que o síndico Otávio promete um passeio a sua cachorra de estimação: "A Praça Buenos Aires é uma beleza! Pelo menos era! Lembra minha infância!" (Andrade, 1976b, cap. 58: 15). Na versão do Cedoc, o capítulo 46 tem a data 19.12.75, mostrando que houve tempo para a inserção do diálogo, aproveitando o tema sugerido pela telespectadora.

---

4. Edifício demolido para construção da estação Sé do metrô de São Paulo.
5. Na entrevista, Jorge afirma ter respondido: "Mas minha senhora, uma praça para onze milhões de habitantes?"

COLEÇÃO POLÍTICAS CULTURAIS

Essas observações não têm o objetivo de encerrar o assunto, que poderia ser investigado em estudos posteriores. Através dos indícios mencionados, destaco apenas a atitude da emissora, preocupada em acelerar a trama, e a postura de Jorge Andrade, atento aos acontecimentos à sua volta, inseridos no roteiro em desenvolvimento.

2.3 SOBRE A SINOPSE

Em estudos sobre telenovela, a análise deve ser mais descritiva, pois o original é de difícil acesso. Eventuais interessados provavelmente não têm informações básicas, que o texto precisa fornecer.

Para organizar esta sinopse, busquei os temas mais frequentes nos roteiros. Ela é apenas um guia para que se possa compreender a análise mais detalhada que se seguirá[6].

A trama de *O Grito* se desenvolve lentamente. Os eventos principais acontecem no tempo diegético de uma semana, estendida por 125 capítulos. A maioria das cenas ocorre no edifício Paraíso. A segunda locação mais importante é o posto de observação do delegado Sérgio, numa casa em frente ao edifício. Há poucas externas.

A construção temporal da novela, pouco usual para o formato, não estava explícita para os espectadores. No *Almanaque da Telenovela Brasileira*, Nilson Xavier comenta que "o autor teve o cuidado de não deixar o público perceber esse detalhe durante os seis meses de exibição da novela" (Xavier, 2007: 162).

De fato, o jogo temporal é explicitado em diálogos no último capítulo: "Estava me lembrando...! Já pensou quanta coisa aconteceu nesta semana? [...] Foi sexta-feira passada, exatamente há uma semana, que o síndico participou o roubo do interceptador! E quantas coisas não aconteceram em apenas seis dias!"(Andrade, 1976a, cap. 125).

6. No acervo do Cedoc, talvez exista a sinopse original da obra. Por questões pessoais de prazos e compromissos, não cheguei a procurá-la. A pesquisadora Catarina Sant'Anna informa que não encontrou tal material no acervo familiar de Jorge Andrade. No período de redação desta tese, o arcervo estava sendo reorganizado pela família, para digitalização através do ItaúCultural.

56

O GRITO DE JORGE ANDRADE

Tal concentração do tempo diegético foi usada por Jorge Andrade em outras obras, como *Gaivotas* (TV Tupi, 1979). E apareceu anteriormente, como novidade nas telenovelas, em *O Rebu* (TV Globo, 1974-1975), de Braulio Pedroso. Há porém uma grande diferença entre a estratégia de Pedroso e aquela de Jorge Andrade: se o primeiro ostentava sua perícia como dramaturgo, destacada em reportagens da época, o segundo distendia o tempo para aprofundar aspectos morais de sua história. Sem ostentar, e nem mesmo explicar a longa duração dos acontecimentos, o dramaturgo levava ao limite as intenções alegóricas da obra.

Um exemplo dessa distensão é o sequestro de Estela, filha de Edgard e Mafalda, os moradores da cobertura (ver contexto na sinopse abaixo). No texto original do autor, o crime acontece no capítulo 109, e se desenvolve por cerca de quinze capítulos. Nos roteiros revisados, o sequestro é adiantado para o capítulo 95, e a evolução dos eventos se mantém no mesmo ritmo. As cenas se dividem entre os aspectos policiais da investigação, o suspense do resgate e alguns dilemas – por exemplo, se Edgard deve confiar na polícia ou agir sozinho, pois tem dinheiro e acredita que isso resolve tudo. Também exploram-se as reações de Mafalda, a mãe: ela resiste em demonstrar sua fraqueza diante dos outros, insistindo numa aparência de dignidade. As vizinhas, entretanto, oferecem solidariedade contra sua vontade, levando-a finalmente ao choro e à expiação de sua dor.

No tempo diegético, o sequestro acontece numa terça-feira, e termina dois dias depois. São dois dias diegéticos estendidos por três semanas de exibição, em quinze capítulos diários de meia hora. Uma comparação poderia ser feita com *O Espigão*, de Dias Gomes. Nesta trama, o empresário que deseja construir um arranha-céu descobre-se estéril. A esposa Cordélia insiste em ter um filho, e mostra a ele um artigo sobre inseminação artificial no capítulo 111. No capítulo 123, ela já está grávida por esse método. Ou seja: em doze capítulos, lança-se a ideia polêmica, vêm as reações do marido, a pressão da esposa, a escolha do doador, e o resultado positivo do teste (várias semanas de tempo diegético, concentradas em poucos capítulos). Na trama de Dias Gomes, o tempo da narrativa é acelerado e repleto de eventos cômicos. Jorge Andrade, ao contrário, adia

COLEÇÃO POLÍTICAS CULTURAIS

a resolução do evento, permeando os capítulos de diálogos reflexivos, cenas simbólicas e outras elaborações que ressaltam o caráter alegórico dos acontecimentos, recursos que serão discutidos adiante.

2.4 Sinopse de O grito

Um edifício no centro de São Paulo, metrópole movimentada, barulhenta, poluída. Personagens comuns: uma aeromoça, um médico, um arquiteto, uma estudante, uma secretária, um executivo. Todos moram num mesmo edifício, no centro da cidade, em frente ao viaduto conhecido como Minhocão.

Escondido numa casa em frente, há um delegado de tocaia. Ele observa os moradores há dias, procurando um contrabandista, que desconfia ser um dos moradores.

Dentro do edifício, há um clima de tensão. O síndico está preocupado porque um interceptador telefônico foi roubado, na última visita dos técnicos da companhia telefônica. Alguém provavelmente está ouvindo as conversas dos moradores, que às vezes percebem um ruído no meio das ligações.

O síndico Otávio convoca uma reunião, sem anunciar o motivo, e os moradores a esperam com diferentes expectativas. Carmen, que divide o apartamento com o filho, a nora e os netos, quer aproveitar o encontro para reclamar de Marta, moradora do apartamento 104, cujo filho doente grita alto durante a noite. Mafalda, a elegante moradora da cobertura, também pede que o marido reclame disso na reunião. O jovem médico Orlando, e o professor universitário Gilberto, sentem que há um clima contra Marta, e pretendem se mostrar solidários.

Na expectativa da reunião, durante vários capítulos, os personagens vão sendo apresentados.

Sebastião e Branca, casal de idosos que vieram de uma fazenda no interior, têm conflito com o filho Agenor, com quarenta anos e ainda solteiro. Agenor sai durante a noite com roupas "extravagantes", escondido pela porta da garagem. Os pais têm medo do julgamento dos outros moradores.

O GRITO DE JORGE ANDRADE

Guilherme, filho de Gilberto (o intelectual), namora escondido a jovem Estela, filha dos moradores da cobertura. Os pais da garota são contra. Principalmente Mafalda, que não quer "se misturar".

Otávio, o síndico, desconfia da traição de sua esposa Doroteia, com o médico Orlando, jovem bonito e sedutor.

Pilar, a filha do zelador, é assediada por Edgard, morador da cobertura (marido de Mafalda). Francisco, o zelador, sofre pressão do síndico, para incriminar Orlando do roubo do interceptador. Francisco não quer mentir, e teme pelo emprego.

Carmen, antiga moradora da Penha, sente culpa pela morte do marido, que sofreu infarte à sua frente, sem que ela tenha ajudado. Mário, seu filho, tem um conflito com a esposa Laís. Mesmo apaixonados, Laís reclama de morar com a sogra, e cobra mais independência do marido.

Marta, a mãe do menino doente, era freira no passado, antes de casar. Ela sente culpa, e se questiona se a doença do filho não foi castigo por ter abandonado a vida religiosa.

O delegado Sérgio, que vigia o prédio, também tem um trauma: sua irmã morreu drogada por traficantes, que nunca foram presos.

Débora era uma atriz famosa e agora está fora dos palcos. Ela tem um trauma de infância que a deixou reprimida sexualmente: viu a mãe ser estuprada por um ladrão. O estupro marcou sua mãe até a morte. Débora nasceu em família tradicional e culta, mas perdeu todo seu dinheiro. Agora vive com a antiga babá, Albertina, que é dona do apartamento, recebido como presente do pai de Débora. O velho agora vive num asilo, e Débora se sente culpada por isso.

Rogério, o jovem arquiteto que divide o apartamento com o médico Orlando, delatou no passado um antigo professor, suspeito de atitudes subversivas. Rogério teme a reação de sua namorada Marina, filha do intelectual Gilberto.

Entre Edgard e Mafalda, moradores da cobertura, também há uma culpa passada: Mafalda proibiu o marido e a filha de frequentarem Olímpia, mãe dele, pois esta o acusava de ter casado por interesse. Outra tensão entre Mafalda e Edgard são alguns artigos de luxo que ela encomenda à aeromoça Midori, para revender às amigas. Edgar recrimina a ilegalidade da situação, e Mafalda não aceita a crítica, considerando-se acima da lei. O edifício foi construído por Edgard, em terreno da antiga mansão da família de Mafalda. O casal ainda possui nove apartamentos, alugados a outros. Por isso, sentem-se ainda donos do prédio.

Midori, a aeromoça, está sendo procurada por bandidos, pois deveria ter trazido uma "encomenda" em sua última viagem internacional, e não trouxe. Midori é amiga da jovem secretária Kátia, sobrevivente do incêndio do edifício Joelma. Kátia tenta levar uma vida libertária, saindo com os homens que lhe interessam, sem compromissos conjugais. Sua atitude causa desconfiança em outros moradores.

Jairo, filho de Lázara, empregada dos moradores da cobertura, aprende golpes com assaltantes na rua. Eles se sentem deslocados, morando no apartamento para empregados do edifício. Sentem saudades da favela, onde havia mais vida comunitária.

No capítulo 21[7], começa a reunião dos moradores, com duas expectativas: a ameaça de expulsão de Marta, e a desconfiança do roubo do interceptador telefônico. Os moradores sentam-se em torno de uma mesa solenemente. Logo começam as acusações mútuas, todos são considerados suspeitos. A reunião se prolongará por seis capítulos.

No final do primeiro capítulo dedicado à reunião, o debate entre os moradores é interrompido pelo zelador Francisco, que traz uma carta anônima, encontrada na caixa de fios telefônicos. A carta diz: "Conheço o segredo de todos! Ainda estão escondidos, mas poderão ser revelados! Cada um terá o seu preço. Assinado... o interceptador!"

A reunião continua mais tensa, pela ameaça de chantagem. Entre acusações mútuas e *flashbacks*, surgem pistas que espalham as suspeitas.

Paralelamente, aparece um homem estranho no edifício, procurando Midori. Ele espera a reunião acabar.

---

7. Menciono o número de alguns capítulos para dar uma ideia do andamento da novela. A reunião era anunciada desde o primeiro capítulo, e só se realiza quatro semanas depois.

No capítulo 26, a reunião termina num impasse. Todos se acusam e suspeitam dos outros, mas não há provas. Midori consegue voltar ao seu apartamento, escondendo-se do homem que a procura. O homem sai ameaçado pelo zelador Francisco, mas a tensão continua.

Passada a reunião, os moradores seguem com seus problemas. As culpas de cada um, e a pressão pela expulsão de Marta, são o centro das preocupações e conversas. As situações se desenvolvem, ao longo dos capítulos seguintes.

Sebastião (o fazendeiro) quer aproximar o filho Agenor das mulheres. Convida Pilar (filha do zelador) para um jantar, imaginando-a como possível noiva do filho. Também procura Kátia (a jovem secretária) e oferece dinheiro para que ela seduza Agenor. Diz que ele precisa conhecer uma mulher antes de casar. Kátia recusa, dizendo que Sebastião deve aceitar o filho como é.

O delegado Sérgio conhece Pilar (filha do zelador). Os dois começam um namoro. Sebastião se irrita, pois desejava juntar Pilar ao seu filho. Pilar apoia o pai Francisco, defendendo-o contra as pressões do síndico Otávio. Hesita em aceitar a ajuda de Edgard, que se oferece para apoiar o zelador em troca de uma disposição generosa do jovem.

Mafalda propõe a Midori encerrarem seu acordo. Mafalda assinará recibos, alegando que Midori já pagou as prestações do apartamento. Midori não trará mais joias do exterior, e as duas não terão mais contato.

Marta recebe uma segunda carta anônima, que diz: "Como os outros, você sabe o que fez. O preço de seu segredo é sair do prédio. Se não sair, ele será comunicado aos condôminos. Assim vou fazer com todos. Da cobertura ao térreo, cada um tem um delito escondido que será revelado ao prédio."

Mesmo recusando a proposta de dinheiro do velho fazendeiro, Kátia se interessa por Agenor, comovendo-se com sua solidão. Planeja se aproximar, tornar-se amiga, ajudá-lo.

Orlando se interessa por Débora (a ex-atriz). Aproxima-se e descobre seu trauma, que a impede de ter relações com homens. Considera a situação um desafio, e decide conquistá-la.

Os moradores aos poucos começam a procurar Marta, por impulsos internos. As primeiras a visitá-la são Laís, Socorro (esposa do zelador) e Débora. Os encontros são semelhantes: o visitante chega cheio de culpa ou medo. Marta, através de perguntas inteligentes e sinuosas, leva-o a falar de seus segredos. Marta também fala de si. As conversas têm um efeito purificador, e a pessoa vai embora mais segura e tranquila.

Os gritos do menino doente pontuam eventualmente a trama, surgindo a cada vinte ou trinta capítulos. Soam terríveis por todo o prédio, assombrando os moradores e deixando-os mais tensos.

A partir do capítulo 50, também surgem ocasionalmente cenas que representam a fantasia dos personagens (sonhos de ascensão social, medos, vinganças pessoais).

Os moradores começam a se articular, criando alianças contra e a favor de Marta. São dez moradores com direito a voto. O grupo contra Marta inicialmente é formado por Otávio, Carmen, Edgard e Rogério. A favor de Marta estão Gilberto, Kátia e Doroteia. Há os neutros ou indecisos: Débora, Sebastião e Midori. O grupo contrário pressiona os indecisos através de ameaças e manipulações emocionais.

Os conflitos se desenvolvem. Orlando tenta enfrentar o trauma sexual de Débora. Agenor hesita em ceder à sedução de Kátia. Estela enfrenta a mãe Mafalda, insistindo em conhecer a avó paterna. Doroteia deseja adotar uma criança, pois o marido Otávio é estéril. Marina se divide entre o pai intelectual e o noivo reacionário. Pilar ambiciona ascender socialmente mas se envergonha do assédio de Edgard (rico porém casado).

A trama dos contrabandistas se intensifica: o corpo de um deles é encontrado morto no rio Tietê. Inconformado com o sumiço da encomenda, o chefe do grupo desconfia de Mafalda, imaginando que Midori entregou a droga a ela. Ele trama o sequestro de Estela, para pedir a devolução do pacote como resgate.

Marta recebe uma nova carta anônima. O síndico marca uma reunião, e os moradores se reúnem novamente, por volta do capítulo 70. Na carta, o ladrão do interceptador ameaça revelar o segredo de cada morador ao delegado Sérgio.

O delegado se instala numa sala do edifício, para interrogar os moradores. Ele desconfia de uma ligação entre o roubo do interceptador e o grupo de contrabandistas.

A rede de acusações e desconfianças aumenta. Marta e Gilberto sugerem que o ladrão possa ser Otávio ou Edgard, que desejam expulsar do edifício as pessoas indesejáveis por comportamento ou classe social.

Marta revela intenções misteriosas, em conversas com seus aliados. Ela acredita que não será expulsa. Diz que seu filho morrerá naquele edifício, e sua morte será útil para reunir todos os moradores numa só família.

Os contrabandistas entram no prédio e sequestram Estela, quando Edgard e Mafalda saem para jantar. Edgard não conta do sequestro a ninguém, acreditando que poderá pagar o resgate e recuperar a filha.

Midori confessa a Edgard que trazia as "encomendas" dos contrabandistas sem saber o que era. Na última viagem, descobriu que era heroína. Jogou a encomenda no lixo, num aeroporto em outro país. Ao telefone, Edgard oferece dinheiro aos sequestradores, para compensar a encomenda perdida.

O delegado descobre sobre o sequestro pressionando Lázara, a empregada da cobertura. Os moradores recebem a ordem de não sair do prédio durante a investigação. As mulheres se unem e sobem para demonstrar solidariedade a Mafalda.

Entre os capítulos 101 e 102, o ladrão do interceptador se entrega a Sérgio, pois ouviu uma ligação entre os sequestradores e Edgard. Ele conta os planos de pagamento do resgate. Sérgio, agradecido, promete não revelar sua identidade aos moradores[8].

O delegado segue Edgard disfarçadamente quando este vai pagar o resgate, num contorno da Marginal Tietê. Com a ajuda da polícia, Estela

---

8. A cena mostra o delegado na sala de investigação, alguém chega e lhe entrega o interceptador. Mas a identidade não é revelada ao espectador, aparecendo apenas, em *flashback*, no último capítulo. Jorge Andrade escreveu três cenas de revelação, em que os culpados poderiam ser Gilberto, Otávio ou Marta. A cena de Marta é mais longa, e escrita com mais cuidado. As opções de Gilberto e Otávio foram arquivadas junto à cena que Sérgio ouve a confissão (capítulo 115 do acervo da família). A cena de Marta está inserida no último capítulo (ou seja, na ordem correta da exibição). No acervo do Cedoc, há apenas duas opções – as confissões de Otávio e Marta – inseridas no último capítulo (125).

é libertada e os contrabandistas presos. Sérgio sente-se finalmente em paz, acreditando que o salvamento de Estela alivia sua culpa por não ter salvado a irmã.

Os moradores começam a mudar de opinião sobre Marta. Carmen agora se declara a favor dela, desejando se tornar síndica no lugar de Otávio.

Edgard decide vender o apartamento e se mudar com a família para o Morumbi. O delegado Sérgio faz uma proposta, pois tem suas economias. A venda é combinada. Sérgio e Pilar decidem se casar, e mudar para a cobertura com a família dela.

Pilar conta a Sérgio sobre o assédio de Edgard. O delegado hesita, mas enfim a compreende.

Kátia finalmente atrai Agenor ao seu apartamento. Ele cede à sedução, despertando entusiasmado no dia seguinte. Pede Kátia em casamento e anuncia o noivado aos pais. Sebastião fica orgulhoso, pois o filho tornou-se homem. Branca se amargura por perder o filho a uma mulher qualquer.

Gilberto termina de escrever um livro sobre a cidade de São Paulo. Conclui que a cidade, em toda sua diversidade e confusão, é um mistério.

Carmen convence Gilberto a apoiá-la como nova síndica. O grupo a favor de Marta agora é maior, e a ameaça de expulsão se enfraquece.

Marca-se nova reunião para decidir a expulsão de Marta. Sérgio revela que o ladrão do interceptador o ajudou a salvar Estela, e mantém a promessa de não revelar sua identidade. Alguns moradores não se conformam. Otávio, Gilberto e Marta confessam ao mesmo tempo, criando um clima de impasse.

Um *flashback* revela ao espectador (mas não aos moradores), que Marta era a culpada. Ela roubou o interceptador para ouvir os segredos dos outros, e se defender quando tentassem expulsá-la.

No impasse da reunião, Socorro (esposa do zelador) fica no apartamento de Marta, cuidando do menino doente. Ele morre. Socorro desce e conta a notícia aos moradores.

O velório do menino é feito na sala de reuniões. Moradores da vizinhança aparecem, comovidos com a história. Marta decide cremar o filho.

Os moradores do edifício comparecem à cremação. Durante o sermão do padre, lembram-se de suas culpas e traumas.

Marta recebe as cinzas do filho, e caminha pela cidade, espalhando--as pelo ar.

Gilberto, em seu apartamento, observa a paisagem da janela. O grito desesperado ressoa sobre a cidade.

2.5 LISTA DE PERSONAGENS E TEMAS

Esta é a lista dos principais personagens de *O Grito*, divididos em treze grupos ou famílias:

1. O delegado e seus colegas: Sérgio, Caio e o investigador.
2. Proprietários e quatrocentões: Edgard, Mafalda e Estela.
3. Intelectuais e democratas: Gilberto, Lúcia, Marina, Guilherme e Bento.
4. Jovens profissionais: Orlando e Rogério.
5. Jovens mulheres independentes: Kátia e Midori.
6. Fazendeiros e seu filho extravagante: Sebastião, Branca e Agenor.
7. O síndico e a mulher infiel: Otávio e Doroteia.
8. Atriz decadente e babá herdeira: Débora e Albertina.
9. A religiosa e o filho doente: Marta e Paulinho.
10. Os suburbanos emergentes: Carmen, Mário, Laís e três crianças.
11. O zelador-operário e a filha universitária: Francisco, Socorro e Pilar.
12. O porteiro ambicioso: Osvaldo.
13. A empregada doméstica e o filho meliante: Lázara e Jairo.

Pelo resumo apresentado na sinopse, percebem-se algumas marcas de gênero, que revelam o esforço de Jorge Andrade para se adaptar ao modelo de televisão popular. Trata-se de uma história de crime e investigação. Há um mistério: quem é o criminoso? Lançam-se pistas contraditórias, todos são suspeitos. Há chantagens e cartas anônimas. Há um sequestro, com traficantes e perseguição de carros.

Também há quatro romances com final feliz, e duas promessas de casamento. Três matrimônios em crise. Quatro famílias enfrentam conflitos de pais e filhos. Duas mulheres têm problemas de maternidade. Dois homens têm conflitos de virilidade. Trata-se de um enredo com várias tramas paralelas, num conjunto ainda mais plural que as outras novelas da época[9], reunidos pela alegoria central dos gritos ocultos da cidade.

Os personagens se organizam numa pirâmide social, com conflitos entre pobres, ricos e classe média. Há honestos e desonestos entre os pobres e os ricos. Há gente que enriqueceu pelo trabalho e outros pelo casamento. Matrimônios por amor e interesse. Há conflitos entre a riqueza tradicional e a modernização, entre a vida rural e a urbana.

Em linhas gerais, todos esses temas aparecem em outras novelas do período. Alguns são temas habituais da dramaturgia teatral (pais e filhos, conflitos conjugais, ascensão e decadência social). Além disso, há preocupações específicas do período de exibição da novela, que podem ser verificadas na imprensa da época.

O tema do arranha-céu aparecia na abertura de *Selva de Pedra* (Janete Clair, 1972), sendo o centro da trama em *O Espigão* (Dias Gomes, 1974), que remete especificamente à urbanização do Rio de Janeiro (o empreiteiro Sérgio Dourado sentiu-se parodiado pela novela)[10]. O tema também é tratado em filmes americanos. A inauguração das torres do World Trade Center de Nova York (1972 e 1973) inspirou dois romances[11], e o filme *Inferno na Torre* (estreado nos EUA em dezembro de 1974)[12]. As megalópoles são capa da revista *Veja* em 28 de agosto de 1974, com a manchete "As Cidades Superpovoadas"; a poluição é tema em 11 de junho de 1975, "A Poluição Avança (e seus Inimigos Aumentam)"; e a pobreza urbana

9. Depoimentos de profissionais e críticas de época, como apresentados no primeiro capítulo deste livro, destacam a novidade das tramas paralelas nas novelas da década de 1970. São um recurso de "arejamento", que entretanto não dispensa um/a protagonista forte, com eventos marcantes em sua trajetória.

10. Dias Gomes narra o caso em sua autobiografia (Gomes, 1998, p. 278).

11. *The Tower* (Richard Stern, 1973) e *The Glass Inferno* (Thomas Scortia e Frank Robinson, 1974).

12. *The Towering Inferno*, direção de John Guillermin.

é capa em 6 de agosto do mesmo ano, com a manchete "Como Medir a Pobreza Urbana?" A migração interna nesse período é um fato demográfico, no sentido do campo para as cidades.

A trama organizada a partir de uma investigação policial era um recurso considerado eficiente, em novelas anteriores. A sinopse de *Cavalo de Aço*[13], por exemplo, menciona que a censura aos temas da reforma agrária e das drogas levou o autor a encaminhar a novela para uma trama policial, "como solução"[14]. Como recurso escolhido desde o início do projeto, destaca-se *O Rebu* (Bráulio Pedroso, 1974-75). Jorge Andrade faz a opção pelo tom policial, talvez por se adequar melhor a um retrato crítico da cidade que o tom romântico. Além da investigação inicial (o roubo do interceptador), insere ao meio da trama um sequestro. Note-se que a criminalidade foi capa da revista *Veja* duas vezes em 1975, com as manchetes "Cada Vez Mais Crimes", em 12 de março, e "Onda de Sequestros", em 20 de agosto.

A esterilidade e a impotência têm destaque na trama de *O Espigão* (1974), em que um dos protagonistas era estéril e acompanhava a inseminação artificial da mulher, enquanto outro precisava mudar constantemente de parceira, pois perdia a excitação sexual depois dos primeiros encontros. A sexualidade também é capa da revista *Veja* em 13 de agosto de 1975, com a manchete "A Ciência do Sexo". Trata-se de mais um tema recorrente nas novelas do período, acompanhando a mudança de costumes que se desenvolverá nas próximas décadas. Jorge Andrade terá sua maneira própria de lidar com a questão, conforme discutido no próximo capítulo.

Nessa condensação esquemática, parece não existir tanta diferença entre *O Grito* e outras telenovelas. Apesar do tom mais depressivo, em seu início a obra de Jorge Andrade continha os elementos básicos e tratava de temas recorrentes na produção da época.

---

13. Novela da TV Globo, escrita por Walther Negrão e dirigida por Walter Avancini, para o horário das 20 h, exibida de janeiro a agosto de 1973.
14. Verbete "Cavalo de Aço", no site www.memoriaglobo.com. Acesso em: 4 fev. 2012.

Mas a questão estava justamente no tom, que foi recusado por uma parcela da audiência logo no início da exibição. A diferença de *O Grito* é perceptível já na segunda página do roteiro, quando a personagem Doroteia reclama que dormiu mal durante a noite. Ela diz, mal-humorada: "No meu prédio há uma criança débil mental que não deixa ninguém descansar. É um horror!" A criança doente é mencionada cruamente como "débil mental". Trata-se de um roteiro que aponta as questões diretamente, sem meias-palavras ou sentimentalismo.

Os personagens lidavam de modo atormentado com seus segredos e culpas. Os adjetivos no primeiro capítulo sugerem um incômodo: "movimento intenso, apressado, agitado", "barulho ensurdecedor", "buzinas são tocadas com irritação", "mulheres pobres e cheias de filhos", "contrai o rosto, amargurado", "recua, meio retesada", "máscara onde dificilmente os sentimentos se estampam", "encurralado", "cansados, indiferentes", "sentindo um arrepio de pavor".

Esse tom desagradável levou a manifestações agressivas do público e, segundo a interpretação aqui apresentada, encaminhou o autor para questões religiosas e espirituais (relacionadas à arte) depois do segundo mês de exibição da novela.

2.6 As rubricas de *O Grito*

Várias possibilidades foram consideradas para a análise dos roteiros. Meu desejo era encontrar um recorte que mostrasse o estranhamento que essa novela causou, e ainda pode causar.

Dois aspectos me pareceram mais importantes, e relacionados entre si. Primeiro, do ponto de vista técnico, na divisão de informações entre imagem e diálogos[15], o roteiro de *O Grito* é menos redundante que a média das outras telenovelas. O texto de Jorge Andrade é mais complexo, na articulação entre gesto e fala, do que os exemplos comentados

---

15. Não fiz a opção, neste estudo, por considerações teóricas aprofundadas, mas consultei textos de referência sobre a questão da dupla enunciação no texto dramático, como consta em Ubersfeld (2005, p. 161).

de *Pecado Capital* e *Escalada*. Nele não aparece o recurso constante de pequenos gestos demonstrando emoções explicitadas pelas falas. Há hiatos que demandam mais esforço de compreensão.

O estilo mais sóbrio está em sintonia com um grande número de cenas dedicadas a discussões abstratas e morais. Tais cenas são concentradas principalmente na personagem Marta, mas também se espalham entre os outros.

Apresento inicialmente algumas considerações sobre as rubricas da novela[16], deixando os comentários sobre Marta e o sentido alegórico da obra para o próximo capítulo.

Estas são três passagens do primeiro capítulo de *O Grito*. A primeira é a apresentação de Agenor:

8. SALA DE AGENOR. TARDE

Corte para Agenor parado diante da vidraça e observando Marina e Rogério, ainda parados na calçada. Os dois estão rindo, felizes. Agenor, impecavelmente vestido, contrai o rosto, amargurado. Percebe-se que a felicidade de Rogério não lhe faz bem. Como um "voyeur", ele examina os dois namorados, fixando-se no rosto de Rogério. Estampa-se em seus olhos um secreto e inconfessável desejo. A secretária entra.

SECRETÁRIA – Mais alguma coisa, doutor Agenor?

AGENOR – (*ligeiro susto*) Não. Pode ir!

SECRETÁRIA – Até segunda-feira.

AGENOR – Até segunda!

Agenor olha a avenida, seguindo Rogério e Marina. CORTE.

(Andrade, 1976b, cap. 1: 4-5)

O segundo exemplo é a apresentação do delegado Sérgio:

---

16. Agradeço à sugestão do professor Luiz Fernando Ramos, feita em minha banca de qualificação.

COLEÇÃO POLÍTICAS CULTURAIS

12. SALA DE OBSERVAÇÃO DE SÉRGIO. TARDE.

Corte para Sérgio sentado diante de uma mesa em frente à janela. Sobre a mesa há duas máquinas fotográficas, uma teleobjetiva, um telefone e muitas fotografias ampliadas. Além da mesa, há uma cama e uma geladeira pequena com garrafa térmica e xícaras de café em cima. A cortina da janela é aberta ao meio, deixando apenas o espaço para a observação de Sérgio. Ele pega a teleobjetiva e focaliza a entrada do Edifício Paraíso.

Vemos Francisco sentado em sua mesa atendendo o interfone. Sentado na marquesa, Sebastião pica fumo pacientemente. Carros e ônibus passam pela lente da teleobjetiva. Sérgio focaliza a calçada por onde se aproximam Guilherme e Estela de mãos dadas. Guilherme fala muito e Estela ri, feliz. A teleobjetiva focaliza os livros e cadernos nas mãos de Guilherme e Estela. Sérgio contrai o rosto e deposita a teleobjetiva sobre a mesa. Pega uma fotografia de Estela sorrindo e observa. CLOSE DO ROSTO DE SÉRGIO.

FUSÃO: *Ele se vê atravessando uma sala modesta e batendo em uma porta. Sérgio abre a porta: uma garota de uns quatorze anos e com uniforme de colégio está caída no chão, no meio de livros e cadernos esparramados. Sérgio corre, ergue a garota e coloca sobre a cama.*

Desesperado, ele tenta fazê-la voltar a si.

FUSÃO *para Sérgio ainda olhando a fotografia de Estela. A porta se abre e o Investigador entra.*

INVESTIGADOR – Boa tarde, doutor Sérgio.
SÉRGIO – Boa tarde.
INVESTIGADOR – O homem apareceu?
SÉRGIO – Não.
(Andrade, 1976b, cap. 1).

Nos dois trechos, a cena se compõe por uma informação inicial sobre o personagem, transmitida por imagens, depois prossegue com um diálogo que não se relaciona com tal informação. No primeiro caso, Agenor observa um casal na rua com "secreto e inconfessável desejo", "como um *voyeur*". No segundo exemplo, Sérgio, em sua observação do edifício Paraíso, é tomado pela imagem de uma garota desacordada. As imagens sugerem um estado emocional que não é contextualizado. Embora o texto indique um sentido que futuramente será aproveitado no enredo (suspeita de homossexualidade em Agenor; trauma pela morte da irmã em Sérgio) as imagens aqui resultam mais ambíguas que um signo verbal. Um ator pode ler o roteiro e interpretar um personagem amargurado, com desejo reprimido. Mas a compreensão de quem assiste pode variar entre melancolia, solidão ou outros sentimentos, sem a precisão do desejo inconfessável indicado no texto. A mesma imprecisão cerca a imagem da garota desmaiada: quem seria? Uma antiga namorada? Por que está caída ao chão? Tentativa de suicídio? Quem imaginaria, por tais imagens, a história de uma irmã drogada por traficantes?

O roteiro em seguida fornecerá mais informações, ainda no primeiro capítulo. Em nova cena, Sérgio é tomado por outras imagens. Ele se vê seguindo um carrinho de hospital por um longo corredor.

Sobre o carrinho está a garota. Sérgio caminha segurando em sua mão. Um médico vem ao encontro. Sérgio apresenta uma caderneta.

SÉRGIO – Delgado Sérgio. Do contrabando.
MÉDICO – Quem é a garota?
SÉRGIO – É minha irmã.
MÉDICO – Que aconteceu?
SÉRGIO – Foi drogada.
MÉDICO – Drogada?! Siga-me! Depressa!
(Andrade, 1976b, cap. 1: 11).

O diálogo contextualiza parcialmente as primeiras imagens, com algumas cenas de intervalo. Uma relação de parentesco é estabelecida, e informa-se a causa do desfalecimento. Uma culpa é sugerida pela voz passiva: ela *foi* drogada. Mas a frase elide o autor da ação, e não é clara a função de tal acontecimento na trama. Neste primeiro capítulo, apenas sugere-se um evento marcante (um trauma) que permanecerá como segredo por vários capítulos, até ser esclarecido.

Do mesmo modo, o "inconfessável desejo" de Agenor será detalhado apenas parcialmente no primeiro capítulo. Perto do desfecho, seus pais Sebastião e Branca conversam na sala do apartamento:

> SEBASTIÃO – (*de repente*) Precisamos arranjar uma empregada! [...] Assim, tenho com quem conversar... alguém que saiba do que se passa à nossa volta.
> BRANCA – Para ir contar nos outros apartamentos o que se passa no nosso? É isso que você quer?
> SEBASTIÃO – (*caindo em si*) Não.
> BRANCA – Não podemos permitir isto. Precisamos defender nosso filho.
> SEBASTIÃO – (*abaixa a voz*) Mas ele sai... "daquele jeito", Branca! Todo mundo vê!
> BRANCA – Nunca usa o elevador social. Sai e entra pela garagem. Ninguém vê! Se alguém tivesse comentado alguma coisa... eu já saberia.
> SEBASTIÃO – (*ansioso*) Onde será que Agenor vai, Branca?
> BRANCA – (*paciente*) Pra que saber, Sebastião! Ele gosta do mundo dos artistas. Deve ir lá!
> SEBASTIÃO – (*retesado*) Um homem que ocupa uma posição!... saindo fantasiado! O que mais não se verá!
> (Andrade, 1976b, cap. 1: 25)

O diálogo dá novas pistas sobre Agenor. Há uma ação a ser mantida em segredo. Ele sai de casa "daquele jeito", "fantasiado". Os pais suspeitam de algo errado, mas temem especular. Não há ganchos claros para os próximos acontecimentos, mas constrói-se uma expectativa: é uma atitude secreta, e o segredo pode ser descoberto. Entretanto, tal expectativa é bastante vaga, e as referências indiretas. Os pais não sabem o que Agenor faz. E a cena não mostrará nesse momento. No roteiro, Branca entra em seguida no quarto do filho, que está sentado diante do espelho. Ela pede que ele não volte tarde. Agenor responde: "Tenho 40 anos. Sei o que faço!" A cena se encerra com Agenor angustiado, que "encosta a cabeça na toalete"[17].

O roteiro de Jorge Andrade lança pistas e cria mistérios. É um método de história policial, de investigação. Quando tal método narrativo funciona bem, o espectador é capturado pelo segredo, e fica atento até descobrir a solução. Mas, segundo a experiência de Daniel Filho, algumas técnicas de mistério não funcionam em telenovela. Analisando os casos de *Brilhante*[18] e *Suave Veneno*[19], ele considera que há quatro maneiras de narrar uma história de mistério:

A. O público sabe, os personagens não.

B. Alguns personagens sabem, o público não.

C. Um personagem sabe, o público sabe, os outros personagens não acreditam.

D. Ninguém sabe o que acontece, o público vai saber junto com os personagens.

(Daniel Filho, 2001: 177)

Segundo ele, as fórmulas B e D, em que o público não sabe, são "incompatíveis com novela" porque "em novela, a história tem que ser dada de bandeja" e "tudo tem que ficar claro de início: mocinho, bandido, objetivo etc." (Daniel Filho, 2001: 176-177). As fórmulas em que o público ignora informações importantes da trama só funcionariam no cinema, pois ali a expectativa é manipulada num intervalo de tempo compacto e confortável, e tudo se resolve "naquelas duas horas"[20].

---

17. A cena gravada é mais explícita que o roteiro, conforme será comentado adiante.

18. De Gilberto Braga, direção geral de Daniel Filho, exibida de junho de 1981 a março de 1982.

19. De Aguinaldo Silva, direção geral de Daniel Filho e Ricardo Waddington, exibida de janeiro a setembro de 1999.

20. O livro de Daniel Filho foi publicado em 2001, e não considera exemplos mais recentes da TV americana, em que a dose de mistério é bastante alta, como *Lost*, de Abrams, Lieber e Lindelof (exibida nos EUA entre 2004 e 2010). Por outro lado, mesmo nessas séries, os elementos básicos (mocinho, bandido, objetivo) estão claros no início, e a complexidade se revela aos poucos, na evolução dos episódios. Desse ponto de vista, as séries americanas

Voltando ao roteiro de *Pecado Capital*, de Janete Clair, é possível perceber esse grau de clareza que Daniel Filho considera essencial. Não se trata naturalmente de dizer tudo, mas apenas as condições necessárias e suficientes, como sugere o conceito de lógica: nem mais, nem menos. Os capítulos oferecem um gosto para a satisfação diária, e plantam a expectativa para o dia seguinte. Na cena já comentada de *Pecado Capital*, depois de receber as flores dos funcionários por seu aniversário, Salviano espera os filhos para o jantar em sua casa. Nenhum aparece. A cena é descrita assim:

Salviano espera os filhos. Nenhum apareceu. A mesa posta, os garçons perfilados, aguardando.
Contra regra – *campainha de telefone.*
Babá atende.
BABÁ – Alô? É... um momento, É dona Vitória.
Salviano atende.
SALVIANO – Alô, filha... que aconteceu? Tou esperando... catapora?! Mas como é que foi isso?... De repente?... Tá certo... não, não veio ninguém até agora. Não sei... Não sei o que aconteceu... Mas não se preocupe, filha... Cuide do menino... É melhor chamar um médico... Obrigado... Ciao...
Ele desliga, decepcionado.
[...]
Ele consulta o relógio.
SALVIANO – A esta hora não vem mais ninguém.
Ele senta-se à cabeceira da mesa.
SALVIANO – Mande servir.
[...]
O garçom coloca a sopa no prato dele. Sai. Ele começa a tomar. A câmara recua lentamente até o máximo.
DJANIRA – (*voz off*) O que vale é que o senhor tem muitos filhos...
(Daniel Filho, 2001: 143-144).

modernas se aproximam das telenovelas brasileiras, que propuseram a mesma construção flexível de personagens desde os anos 1970.

A cena alterna imagens e falas complementares, reiterando as informações, como comentado anteriormente. A mesa posta e os garçons esperando fornecem a primeira pista de que os filhos não comparecerão ao jantar. Um telefonema incita as primeiras falas de Salviano, que verbaliza a situação ("estou esperando", "não veio ninguém até agora"). Logo em seguida Salviano diz em voz alta, encerrando a espera: "A essa hora não vem mais ninguém". Ele come sozinho, e a voz *off* de Djanira sublinha sua decepção. Esta decepção é o gancho de Salviano neste capítulo: ele é rico – um homem que "tem tudo" – mas lhe falta o essencial, que é o amor. A mulher faleceu, e os filhos não lhe dão atenção. Os únicos a lhe demonstrar afeto são seus funcionários, e tal afeto não é suficiente para ele. A bajulação no início constrói, por contraste, a carência de Salviano quando os filhos não comparecem ao jantar. Mostra-se o que o personagem tem, e o que lhe falta. Uma peça da trama está pronta: definiu-se o homem rico e solitário. A peça em seguida será usada para armar um triângulo amoroso cujo pivô é Lucinha, moça pobre que deseja subir na vida.

Daniel Filho elogia a clareza com que o primeiro capítulo de *Pecado Capital* prepara este futuro triângulo: "Não há uma cena desperdiçada [...] Reitera, acrescenta, surpreende, emociona" (Daniel Filho, 2001: 152). As cenas se justificam por sua funcionalidade: a solidão de Salviano é necessária para levá-lo ao encontro de Lucinha. Depois disso, ele não precisa mais ser solitário. As complicações evoluem. A história segue como um conta-gotas: as gotas vão caindo, unitárias e esféricas, uma depois da outra.

A metáfora do conta-gotas não funciona com Jorge Andrade. *O Grito* não lança gotas inteiras: a novela oferece peças de quebra-cabeça, figuras incompletas, com formas estranhas. A confiar em Daniel Filho, tal método por princípio não funcionaria numa telenovela. Mas o problema não se encerra aí. As técnicas do espetáculo televisivo não eram a principal preocupação de Jorge Andrade. Ele *buscou* utilizá-las como veículo de seu projeto autoral. Fez tal tentativa com algum empenho, que entretanto não superava seu projeto artístico. A solidão de Agenor não existia *em função* da trama. Solidão e isolamento eram temas centrais, ligados a um movimento dramático de busca de sentido existencial. Em torno desses temas os eventos se construíam, justamente para demonstrá-los.

2.7 Entre o roteiro e o vídeo

Antes de prosseguir na análise crítica da obra, cabe fazer algumas considerações sobre a versão final dos capítulos em vídeo, depois de gravados e editados.

No acervo do departamento de Cinema, Rádio e Televisão da ECA-USP, existem cópias do primeiro e do último capítulo da novela. A observação desse material revela como texto de *O Grito* foi encenado e gravado.

A novela teve três diretores. Inicialmente foi Walter Avancini, depois substituído por Gonzaga Blota e Roberto Talma. Artur da Távola, em artigos de imprensa na época, relata que as mudanças se deveram ao desinteresse dos diretores e da TV Globo pela obra. Segundo ele, a direção foi burocrática e preguiçosa, apenas compensada pela dedicação dos atores, que perceberam a qualidade do texto. Jorge Andrade também declarou publicamente seu descontentamento com a direção, e seu elogio ao elenco. No roteiro original do último capítulo, há um recado aos atores:

> Todos vocês, sem nenhuma exceção, não podem nem de longe imaginar o imenso prazer que deram a este autor que teima em fazer televisão, onde vocês são mestres! Fico pensando no que um autor pode fazer, tendo uma equipe como a de vocês! Não tenho reparos a fazer – a ninguém! Por isto não posso destacar nomes – seria profundamente injusto! Só posso dizer "obrigado" e esperar que eu esteja um pouco no coração de vocês, como todos estão no meu.
>
> Jorge Andrade. São Paulo, 25.2.76.
>
> (Andrade, 1976b, cap. 134: 22).

O recado foi dirigido somente aos atores. Na semana em que se encerrava a exibição de *O Grito*, Artur da Távola escreveu, em sua coluna na revista *Amiga TV*, um longo artigo defendendo a novela. Távola considerava a novela uma "das propostas mais sérias jamais colocadas numa novela de TV" (Távola, 1976).

Especificamente sobre a direção, ele assim comenta:

> Pessoalmente creio que a Rede Globo perdeu uma excelente oportunidade com *O Grito*. Logo ao fim do primeiro mês de novela, seus dirigentes artísticos ou sei lá quem cismaram que ela era, estava e seria monótona e cansativa. Nessa onda entrou também o diretor no núcleo das dez da noite, o competente diretor Walter Avancini, que abandonou a direção em mãos de assistentes seus (Távola, 1976).

Távola comenta a troca de diretores, caracterizando especificamente o papel de Roberto Talma, que considerava "um competente editor de videoteipe ainda pouco tarimbado para uma novela de ritmo interior, sutil, carregada de suspense e mistério". Segundo Távola, "a direção de *O Grito* foi lamentável, linear, repetitiva, pobre, tediosa, burocrática" (Távola, 1976).

O *site* do projeto "Memória Globo" mostra um depoimento em vídeo de Roberto Talma, em que este reconhece suas dificuldades, e demonstra uma percepção bastante clara da novela:

> O processo dela era absolutamente existencialista. [...] Ela tinha uma metodologia de repetição de texto, que era uma coisa bonita do Jorge Andrade, mas leva-se um tempo pra perceber isso. [...] A pulsação daquele edifício era existencialista, era muito difícil. Eu pelo menos acho. Eu tinha dificuldade em algumas coisas, ficava às vezes perdido, tinha que estudar muito pra sair daquela ostra (Talma, 2011).

Talma descreve com precisão a diferença de estilo entre *O Grito* e as outras novelas:

> [...] era uma novela absolutamente hermética, ela era muito fechada. Ausente de grandes voos com relação ao que nós fazemos hoje, com

relação a tudo, a externa, essas coisas todas. Vamos dizer, o respiro que a gente normalmente faz. Era uma novela fechada, ela se passava dentro de um edifício (Talma, 2011).

Segundo Talma, *O Grito* era uma novela "fechada" e não tinha "respiro". Essa observação merece algum detalhamento. Pelo próprio sistema de produção, todas as novelas são "fechadas": elas se baseiam (por questão de rapidez, economia e padronização técnica) em cenas dialogadas em ambientes internos, gravadas em estúdio. O termo "respiro" é usado para caracterizar justamente as cenas que fogem desse padrão: externas, carros em movimento, festas, efeitos especiais etc. São momentos matematicamente calculados para evitar a claustrofobia das internas: no sistema usado pela TV Globo até hoje, elas compõem até 30% do tempo de um capítulo (Daniel Filho, 2001: 180). Assim, *O Grito* não seria "fechada" apenas pelo excesso de internas, mas, principalmente, pela decisão autoral de ressaltar o aprisionamento, em vez de disfarçá-lo. Talma entende essa proposta, dizendo que *O Grito* era uma novela "existencialista", que tinha uma "metodologia de repetição de texto" e uma "retórica".

Nesse contexto, o que seria uma direção "linear, repetitiva, pobre, tediosa", como considerou Artur da Távola? Depoimentos e reportagens de época fornecem algumas pistas.

Ney Latorraca, que interpreta o delegado de tocaia, conta que hesitou em aceitar o convite do diretor Walter Avancini, pois se comprometera a participar de uma peça no mesmo período. A questão foi resolvida com a gravação concentrada de suas cenas, pois "Jorge Andrade já tinha praticamente a novela pronta" (Britto, 2005: 204).

> Eu gravei quase toda a minha parte em dois dias. Isso só foi possível também porque o personagem ficava a maior parte do tempo do outro lado do prédio observando a ação da história com um binóculo. Por isso foi muito mais fácil, não dependia tanto do elenco. E Avancini era muito rápido (Britto, 2005: 205).

Gravação rápida e antecipada de muitas cenas de um mesmo personagem: tal otimização do tempo poderia levar a cenas rápidas e padronizadas, sem maior cuidado com a encenação e a decupagem.

Mas outro ator sugere que houve também algumas ousadias. Rubens de Falco comenta a gravação de algumas cenas externas com improvisação: "fazíamos cenas na rua com câmera escondida. A figuração era o povo da rua mesmo, que não sabia que estava sendo gravado" (Britto, 2005: 246). Segundo ele, tal método criou "coisas incríveis":

> Uma vez, vinha uma senhora mendiga com umas flores na mão, eu comecei a improvisar e ela caiu na história. Ela começou a me dar as flores e eu dando confiança a ela. Depois, no caminhão, nós mostramos as imagens para ela, que não acreditava no que estava vendo. De repente ela estava se vendo! Aí obrigamos a produção a dar um dinheirinho para compensar o susto que ela levou (*risos*). Foi inesquecível! (Britto, 2005: 246).

Além de certas liberdades criadas pela direção, é preciso lembrar que os roteiros propunham algumas experiências, como as cenas de fantasia dos personagens (que mostravam imagens fortes, como o síndico Otávio de quatro no chão, sendo debochado pelo velho Sebastião, que o acusa de impotência).

Helena Silveira relata uma conversa com Jorge Andrade, em que este se queixava da falta de sintonia com o diretor da novela. Jorge reclamava especialmente das cenas de fantasia, inconformado porque a direção não diferenciava imaginação de *flashback*: "Faço um personagem fantasiar, o que é tão comum nas criaturas. Pois bem, essa fantasia é mostrada como *flashback*, o telespectador se atrapalha, pode pensar que aquilo é recordação de algo acontecido" (Silveira, 1976c).

Silveira narra que, nos últimos capítulos da novela, usou-se um novo recurso para tais cenas: "apelam para o negativo e a fusão e distorção das figuras". Mas, segundo ela, tal recurso não funcionou bem. "O ritmo do trabalho é quebrado. O estilo de contar a história fica indefinido, flutuante, sem a necessária cristalização" (Silveira, 1976c).

COLEÇÃO POLÍTICAS CULTURAIS

Entretanto, observando o primeiro e o último capítulo em vídeo, a direção de *O Grito* não parece mais descuidada que a de outras novelas. Talvez "pobre", sim. Mas este é um adjetivo que se aplica às outras produções do período, em que o padrão de cenários, figurinos e efeitos era muito mais simples que o atual[21]. Além disso, algumas cenas do primeiro capítulo sugerem um desejo, por parte da direção, de destacar imagens documentais da cidade de São Paulo, enfatizando a sujeira e a pobreza.

As imagens sugeridas por Jorge Andrade, para o início do primeiro capítulo, assim descrevem a cidade de São Paulo:

NÃO SE TRATA DE MOSTRAR A CIDADE, MAS O HOMEM DENTRO DELA. Assim, a câmara, sempre em movimento, vai focalizando o homem em diversas atividades, dando sempre a impressão de massa humana: nas ruas, nos bares, nos Bancos, restaurantes, lanchonetes, livrarias, lojas, escritórios, fábricas, praças, hospitais, escolas, transportes, descendo de trens, em museus, em desfiles de alta costura, praticando esportes, nos cinemas, nas construções, em elevadores apinhados, seguindo em filas para embarque em aviões etc. É PRECISO QUE SE DÊ A IMPRESSÃO DE METRÓPOLE SUPERPOVOADA (Andrade, 1976b, cap. 1: 1; as maiúsculas constam do original).

No capítulo gravado, esta sequência dura dois minutos. As imagens mostram mais pobreza do que descrito no roteiro. Não aparecem internas, nem lugares ricos ou de lazer (nada de cinemas, restaurantes, esportes ou desfiles de alta costura). São apenas imagens externas de ruas, prédios e viadutos; edifícios em construção, guindastes, trabalhadores. Há ênfase no transporte: metrô, ônibus, carros, guardas de trânsito e até um homem numa carroça. Gente pobre nas ruas, alguns mendigos. Todas as

---

21. A primeira telenovela a cores da TV Globo – *O Bem-amado*, de Dias Gomes – foi exibida em 1973. O recurso ainda era novidade, e mencionado nos anúncios que a emissora mandou publicar em defesa de *O Grito* (ver capítulo 5 desta tese). A cidade cenográfica de *Gabriela*, em 1975, foi um luxo de infraestrutura, utilizado para comemorar os 25 anos da emissora.

80

imagens são documentais. Em sintonia com a proposta do autor, a câmera está sempre em movimento. A trilha musical sugere tensão e suspense.

As cenas seguintes seguem o previsto no roteiro. Há algum esforço para buscar enquadramentos ousados, como a câmera na mão que acompanha o corpo parcialmente nu de Doroteia (deitada na maca de massagem), ou o rosto tenso de Kátia, enquadrado sob as sombras de uma persiana, quando se lembra do incêndio no edifício Joelma. Há alguns enquadramentos que usam profundidade de campo, ressaltando faces tensas em primeiríssimo plano. Há também alguns jogos de edição, como uma cena que se inicia com o olhar perscrutador de Carmen, revelando em seguida que se trata de uma brincadeira de mocinho e bandido com os netos.

Duas cenas do personagem Agenor são talvez o melhor exemplo da relação entre o roteiro e o primeiro capítulo gravado. Como apontado anteriormente, Agenor sofre com a repressão de um desejo, indiretamente caracterizado como homossexual.

Em sua primeira cena, já comentada acima, o roteiro descreve um "secreto e inconfessável desejo" quando Agenor observa um jovem casal de namorados. A situação começa na "escadaria repleta de estudantes" do Curso Objetivo, quando Rogério (jovem arquiteto) encontra sua namorada Marina. Estes são os momentos anteriores aos já citados da mesma cena:

> Rogério pega em sua mão [de Marina] e os dois saem andando pela Avenida Paulista. A câmara focaliza a avenida e seus edifícios, fixando-se num prédio de vidraças fumê. A câmara, em ZOOM, mostra Agenor parado atrás de uma das vidraças. CORTE.

8 – SALA DE AGENOR. TARDE.

> Corte para Agenor parado diante da vidraça e observando Marina e Rogério, ainda parados na calçada. Os dois estão rindo, felizes. Agenor, impecavelmente vestido, contrai o rosto, amargurado. (Andrade, 1976b, cap. 1: 4).

COLEÇÃO POLÍTICAS CULTURAIS

A situação é simplificada no capítulo em vídeo. Rogério e Marina aparecem rapidamente caminhando na rua, e em corte seco surge o rosto de Agenor em seu escritório. Não há o *zoom* sugerido no roteiro, que mostraria Agenor atrás da vidraça. Também não se mostram Marina e Rogério enquadrados a partir do escritório, como descreve o início da cena 8. O ator Rubens de Falco transmite um olhar de tristeza e angústia, mas nada indicaria que ele observa os namorados "como um *voyeur*".

A simplificação provavelmente ocorreu por questões de produção. Marina e Rogério foram gravados na rua, enquanto a cena de Agenor foi realizada em estúdio. Em planos independentes, os atores podem gravar em dias diferentes, conforme a agenda mais adequada. Os estúdios da TV Globo ficavam no Rio de Janeiro, e a cena de rua (salvo engano) foi gravada em São Paulo[22]. Além disso, a imagem do casal é vista de longe, em contraluz, podendo ser apenas figurantes com o figurino dos personagens. A gravação simplifica o roteiro nesta cena, eliminando um enquadramento trabalhoso.

Na segunda cena de Agenor, entretanto, as imagens *estendem* a situação descrita no roteiro. A situação se inicia com seus pais, Sebastião e Branca, conversando no *living* do apartamento sobre os passeios noturnos do filho (diálogo citado anteriormente). Ao final da conversa, o roteiro indica:

> CORTE *para Agenor no quarto, sentado diante do espelho. Branca entra.*
> BRANCA – Vai sair, meu filho?
> AGENOR – Vou.
> BRANCA – Não volte tarde, filho!
> AGENOR – Tenho 40 anos. Sei o que faço!
> *Branca fecha a porta. Angustiado, Agenor encosta a cabeça na toalete.* CORTE.
> (Andrade, 1976b, cap. 1: 25).

22. A ambientação da novela em São Paulo seria importante para atrair o público paulista, conforme discutido em mais detalhes no capítulo 5 deste livro.

O vídeo agora é mais longo do que previa o roteiro. A cena tem cerca de dois minutos e quarenta segundos[23]. A frase "angustiado, Agenor encosta a cabeça na toalete" é ampliada em cinco longos planos. Na imagem Agenor se levanta, mostrando o torso de roupão diante do espelho. Ele caminha até o armário. Um plano aberto mostra o quarto decorado: a cama está coberta com lençol vermelho e cobertor de estampa animal (girafa ou felino); o armário tem imagens desbotadas de corpos masculinos. Agenor, tenso, encosta-se no armário e dá alguns socos com o punho fechado. O enquadramento mostra suas mãos em primeiro plano: depois dos socos, elas relaxam lentamente, e os dedos se estendem na superfície do armário. Agenor então aproxima as mãos do rosto, num gesto sensual. Ele caminha para o centro do quarto e abre o roupão. Tem o olhar altivo e esboça um sorriso malicioso[24].

A comparação das duas cenas gera dúvida sobre os critérios de destaque na encenação. A cena de Agenor no quarto recebe um tratamento que outras cenas e outros personagens não receberam. Em todo o capítulo, esta é a única cena em que a encenação se descola do texto, acrescentando uma intensidade quase caricata ao comportamento homossexual (que no roteiro era apenas aludido). As pistas se espalham pelo cenário (cama e armário), pelo figurino (roupão aberto), pelos gestos (mãos afeminadas) e pela expressão do ator. Por que houve esse destaque? Seria uma avaliação estratégica de que o tema atrairia espectadores? Pouco provável, sendo uma época de forte censura governamental. Seria então um interesse pessoal do diretor, ou do ator?

Rubens de Falco, que interpretou Agenor, conta que o cenário do quarto foi concebido como uma "jaula de leão", em que o personagem "ficava de um lado para o outro", "como um bicho mesmo" (Britto, 2005: 245). Segundo ele, alguns atores da TV Globo recusaram o papel "porque achavam que iria sujar a imagem deles". Mas Falco aceitou sem medo. Ele relata que o diretor Avancini buscava se diferenciar "do normal" e suge-

---

23. Informação aproximada, pois há uma falha na cópia.
24. Para mais detalhes sobre Agenor e esta cena, ver Anzuategui, 2010.

riu uma improvisação quando o ator chegou "na tal jaula", o cenário do quarto. O diretor teria dito: "As câmeras estão aqui, você faz o que bem entender. Vá aonde você quiser que eu vou cortando" (Britto, 2005: 246). Essa talvez seja a origem dos socos no armário transformados em mão desabrochando.

3
A Criação Artística: Masculino e Feminino, Trabalho e Redenção
* * *

Em estilo diferente de outras telenovelas, *O Grito* é, por outro lado, bastante próxima dos temas e recursos estilísticos presentes no conjunto da obra de Jorge Andrade. Este capítulo busca demonstrar, em comparação a outras obras, como o autor articulou nesta telenovela uma síntese de seus ideais de criação dramática.

Considero que a telenovela *O Grito* pode ser incluída entre os trabalhos mais instigantes de Jorge Andrade, em toda sua extensa obra, que abrange teatro, televisão, romance, reportagens e crônicas. Ela revela uma qualidade artística admirável, compreendida no contexto da produção de teledramaturgia da década de 1970, e considerada em relação às principais questões estilísticas e temáticas presentes nas peças teatrais de Jorge Andrade (além disso, a pesquisadora Catarina Sant'Anna indica que suas outras telenovelas, especialmente *Gaivotas* e *Ninho da Serpente*, podem ser ainda melhores).

A ideia de obra-síntese é essencial no processo criativo do autor, como demonstram seus esforços de reorganizar suas peças em ciclos (Sant'Anna, 1997: 25-109). *O Grito* é mais uma síntese, em que o autor articula tensões com que lidava havia tempo: seus conflitos pessoais e familiares; sua postura em relação ao ambiente artístico ao seu redor; o momento social e político do país. A telenovela consegue apresentar sua visão profunda e humanista sobre tantos problemas justamente por ser uma obra extensa – característica das novelas televisivas – composta com o rigor de uma produção autoral – característica do trabalho de Jorge Andrade.

3.1 Informações biográficas sobre Jorge Andrade

Estas são informações resumidas da biografia do autor, coletadas nos estudos de Elizabeth Azevedo e Catarina Sant'Anna (Sant'Anna, 1997; Azevedo, 2001b), e também em entrevistas e reportagens de jornal.

Aluísio Jorge Andrade Franco nasceu em Barretos, em 1922, e faleceu em São Paulo, em 1984.

Teve muitos conflitos pessoais na juventude. Tentou trabalhar como bancário e também como fiscal na fazenda de seu pai. Finalmente, num impulso de autorrealização e afastamento dos conflitos familiares, Jorge resolveu dedicar-se ao teatro (Steen, 2008: 125; Andrade, 1986: 12-15). Estudou na Escola de Arte Dramática (EAD), formando-se em 1954.

Em 1951, escreveu *O Telescópio*, recuperando temas de sua vivência: conflitos geracionais entre os velhos donos de uma fazenda, e os filhos adultos (dirigida por Paulo Francis, no Rio de Janeiro, com o elenco da Companhia Dramática Nacional, CDN, em 1957).

A Moratória foi encenada em 1955, por Gianni Ratto, para a companhia de Maria Della Costa. Essa peça teve grande repercussão entre os críticos da época, por seu tema (uma família tradicional de fazendeiros que perde as terras durante a crise cafeeira de 1929) e sua construção dramática (o palco é dividido em dois planos, mostrando paralelamente o momento da falência, em 1929, e as expectativas frustradas de recuperar a fazenda, alguns anos depois). *A Moratória* surgiu num momento em que outras obras lidavam com o mesmo tema: Gilda de Mello e Souza menciona o filme *Terra é Sempre Terra* (Tom Payne, em 1951, para a Vera Cruz), adaptação da peça *Paiol Velho*, de Abílio Pereira de Almeida, escrita no mesmo ano, e a peça *Santa Maria Fabril s/a*, de 1955 e deste mesmo teatrólogo (Azevedo, 2001b: 99). Jorge Andrade teria maior ambição como artista, desejando "rever suas raízes e compreender o processo histórico que determinou a desintegração da realidade que conhecera" (Azevedo, 2001b: 100).

Nesse período, o Teatro Brasileiro de Comédia (TBC) abria espaço a autores brasileiros. Entre 1958 e 1964, Jorge Andrade teve quatro peças encenadas pelo grupo. Dessas, *A Escada* (1961) e *Os Ossos do Barão* (1962) tiveram grande sucesso de público. As duas peças retratavam herdeiros falidos de famílias paulistas tradicionais, frente a um novo mundo, movido por novas forças econômicas.

As outras duas peças foram *Pedreira das Almas* (1958) e *Vereda da Salvação* (1964). Nas duas, Jorge Andrade abordou temas diferentes de seus trabalhos de sucesso. *Pedreira das Almas* é ambientada no período de esgotamento da exploração de ouro em Minas Gerais, durante a Revolução de 1842. *Vereda da Salvação* trata de trabalhadores rurais, envolvidos num culto religioso; teve recepção problemática, com pouco público e críticas negativas às questões artísticas. O trabalho "feriu sensibilidades no público do TBC e na opinião pública em geral". Por seu retrato de camponeses miseráveis, num movimento autodestrutivo de fanatismo religioso, foi acusado de comunista pela direita, e de reacionário pela esquerda (Steen, pp. 134-135). O texto "foi, praticamente, o réquiem com o qual se fechou para sempre o pano daquele teatro paulistano" (Azevedo, 2001b: 123-124). Os problemas com *Veredas* marcaram profundamente o autor.

Até meados da década de 1960, Jorge Andrade continuou escrevendo peças que obtiveram razoável reconhecimento – sem ser grandes sucessos de público ou crítica, também não foram fracassos. Em 1963, a peça *Senhora da Boca do Lixo*, sobre uma madame falida que vive de contrabando, foi proibida pela Censura. Estreou em Portugal, em 1966[1]. Em 1966 foi encenada *Rasto Atrás*, texto marcadamente autobiográfico em que, pela primeira vez em sua obra, o protagonista é um escritor. A

---

1. Montada depois no Brasil pela atriz Eva Todor, com direção de Dulcina de Morais, em 1968.

peça retrata um autor reconhecido, voltando à cidade natal para enfrentar conflitos antigos com a família e principalmente o pai. A montagem foi dirigida por Gianni Ratto, o mesmo diretor de *A Moratória*, que tinha grande afinidade com o trabalho de Jorge Andrade. O trabalho foi elogiado e bem recebido pelos críticos.

Na segunda metade da década de 1960, o teatro brasileiro passou por grandes dificuldades, em confronto com o governo militar. A censura teve efeito também econômico, e houve reavaliação das posturas artísticas e políticas dos anos anteriores. Surgiram novas propostas, com experiências formais de liberação do corpo e dos costumes, e alegorias históricas com sentido político, com uso intensivo de música para comunicação com o público. Jorge Andrade teve dificuldades de diálogo com seus pares nesse novo cenário. Em 1969, escreveu *As Confrarias* e *O Sumidouro*, que nunca foram encenadas profissionalmente. Desse ano em diante, Jorge escreveu outras peças, mas sentia-se frustrado e falava em abandonar o teatro (Amâncio; Pucci, 1978).

Em crise com o teatro, nesse período, Jorge Andrade concentrou-se no texto, entre o trabalho com revistas e editoras.

Escreveu para a revista *Realidade* entre 1969 e 1973, fazendo perfis de artistas e intelectuais, e também de figuras anônimas, pobres e trabalhadores (Tagé, 1989). Mais tarde, usaria esse material como base de um romance parcialmente autobiográfico, em que o protagonista procura o sentido de sua existência a partir do encontro significativo com outras pessoas. Os perfis escritos para *Realidade* foram retrabalhados, destacando-se o sentido de cada encontro no amadurecimento pessoal do narrador. O romance *Labirinto* foi publicado em 1978.

Em 1970, o autor organizou dez peças para publicação pela editora Perspectiva, retrabalhando parcialmente os textos para formar um ciclo. O livro *Marta, a Árvore e o Relógio* trouxe também uma fortuna crítica de sua obra.

Na década de 1970, Jorge Andrade começou a trabalhar na televisão. Escreveu duas telenovelas para a TV Globo. A primeira foi bem recebida, a segunda não: *Os Ossos do Barão* (Globo, 1973/74) e *O Grito* (Globo, 1975/1976). Afastando-se da Globo, ele trabalhou alguns anos como consultor cultural da prefeitura de São Bernardo do Campo (Sant'Anna, 1997: 88). Depois voltou a escrever para a TV. Entre outros trabalhos nesse período, os principais títulos são as telenovelas *Gaivotas* (Tupi, 1979) e *Ninho da Serpente* (Bandeirantes, 1982).

A tensão profissional marcou seu último ano de vida, em conflito com a TV Bandeirantes durante a produção da telenovela *Sabor de Mel* ("Morre Jorge Andrade...", 1984)[2]. Foi mais uma crise, numa carreira marcada por muita dedicação pessoal, e oscilações entre satisfação e ressentimento pela repercussão de seu trabalho. Jacó Guinsburg relata: "O seu pecado como dramaturgo foi, segundo certa óptica, o de ser um bom escritor, ou melhor, um grande escritor. [...] [As] suas peças passaram por um longo período de rejeição a título de literatura. Este fato foi sua grande frustração" (Guinsburg, 2002: 122).

3.2 *O GRITO* E A OBRA TEATRAL DE JORGE ANDRADE

Os estudos sobre a obra teatral de Jorge Andrade ressaltam sua formação acadêmica na Escola de Arte Dramática de São Paulo, na década de 1950 (Azevedo, 2001b: 45-49). Tal formação teria inspirado em Jorge Andrade uma aproximação diferente à composição do texto teatral, em relação a outros dramaturgos contemporâneos a ele. Jorge Andrade seria mais consciente das referências históricas do teatro, teria um repertório mais sistematizado, e tinha como parâmetro a opinião dos críticos teatrais que foram seus professores. Para um autor que escreveu tanto sobre os conflitos entre pai e filho, a relação de professor e aluno ganhava importância semelhante:

> A crítica é fundamental para que eu compreenda o sentido do trabalho. Não posso deixar de ouvir a opinião desses dois críticos [Sábato Magaldi e

---

2. Curiosamente, a novela foi dirigida por Roberto Talma, um dos diretores de *O Grito*.

Antonio Candido]. Às vezes, penso que durante todos estes anos eu tenho trabalhado realmente para três ou quatro pessoas (Steen, 2008: 139).

Na leitura das várias entrevistas publicadas ao longo da vida de Jorge Andrade, e considerando seu trabalho em linhas amplas, é possível destacar algumas características de sua postura como autor.

A primeira evidência, ao analisar sua trajetória, é que o retorno pragmático em dinheiro não era sua prioridade. Não fazia parte de sua estratégia "escrever o que as pessoas querem". Muitas vezes ele fez o movimento oposto, escrevendo justamente o que os outros não queriam (por exemplo, as peças *As Confrarias* e *O Sumidouro*, que escreveu para publicação, consciente das dificuldades de montagem naquele momento). Algumas palavras suas resumem essa atitude: "Não escrevo diariamente porque, para viver e sustentar minha família, sempre fui obrigado a ter um trabalho paralelo, o meu ganha-pão para não prostituir meu teatro" (Steen, 2008: 139). Assim, para ele, o trabalho associado a remuneração era uma atividade alternativa, exercida por obrigação de sobrevivência. Diferentemente do trabalho de criação, "não prostituído", considerado como arte.

Outra característica que se destaca é a tensão entre expressão e reconhecimento. Seu impulso de expressão era bem pessoal (sem projeto de facilitar ou agradar o público), mas o retorno negativo o angustiava. Em várias passagens de suas peças metalinguísticas, ele registrou o sofrimento pela má aceitação de alguns de seus trabalhos. Também sofria de uma ansiedade pela revisão dos textos, reagindo e incorporando críticas recebidas, num processo extenuante que algumas vezes tentou interromper – ao consolidar as peças do ciclo *Marta, a Árvore e o Relógio*, por exemplo, queimou alguns originais, como relata Sant'Anna (1997: 76). Seu trabalho manifesta a expressão de algo interno, sofrido e indefinido, que procura se esclarecer ao tomar forma artística. No romance *Labirinto*, Jorge Andrade escreveu que seus textos tinham para ele uma função psicanalítica: seriam sua forma de psicanálise (Andrade, 1978: 130). Entretanto, seu trabalho como artista muitas vezes registra a persistência de sua própria neurose, e não uma libertação.

Uma terceira característica é a extensa pesquisa em livros, registros históricos e material jornalístico, para aproveitamento em seus textos. Tratava-se de uma pesquisa sistemática e paciente, em que buscava material externo à sua vivência, possibilitando que seu trabalho criativo relacionasse questões pessoais com informações do mundo que o rodeou. O contato com o entorno também o levou a considerar a questão das classes sociais e sua representação artística, tônica do pensamento intelectual brasileiro nas décadas de 1950 e 1960. Como sugere Catarina Sant'Anna:

> [...] o questionamento do *eu*, que implica nesse movimento de autocrítica uma revisão de um *passado familiar*, leva, no caso específico do autor, automaticamente, à revisão do *passado do país* e, consequentemente, a um questionamento da própria História em suas bases, isto é, em sua competência para registrar os fatos históricos; trata-se de um movimento articulado de dessacralização, que também conta com o empréstimo de textos de outros autores, num fecundo processo de intertextualidade (Sant'Anna, 1997: 19).

Em linhas gerais, essas características se resumem num projeto artístico que o próprio autor declarou várias vezes: o "registro do homem no tempo e no espaço" (Steen, 2008: 141), com forte marca de introspecção e reflexão, e atenção aos aspectos formais da expressão artística.

> Creio que uma pessoa só se percebe quando apaga a luz de seu quarto e fica só diante de si mesma [...]. Se vai até o fundo e mexe nas águas, ela se turva revelando coisas guardadas ou escondidas [...]. Isso revela a capacidade de voltar-se para dentro de si mesmo e a coragem de enfrentar-se. Para um escritor isso é essencial, porque só assim pode tentar a descida dentro dos outros, única maneira de encontrar-se (Steen, 2008: 145).

Para Jorge Andrade, a dramaturgia era uma expressão artística que envolvia observação, reflexão e síntese. Em sua concepção, ser autor era assumir uma posição de autonomia, sem ser "prostituído por ideologias ou pelo dinheiro" (Steen, 2008: 140). Havia certamente uma variação entre suas declarações e sua vida prática de escritor, pois ele escreveu como contratado, na imprensa e na TV, em muitos momentos ao longo de sua vida. Mas, por algum motivo, em *O Grito*, houve uma ruptura em sua boa vontade de agradar o público, e ele declarou à revista *Amiga TV*, ao fim da novela: "Não me propus renovar estilos nem escrever com ganchos, suspenses ou qualquer artifício para prender o público. Minha intenção foi mostrar o real, o sério, o verdadeiro" (Andrade, 1976c). Na mesma reportagem, há outra afirmação: "Não recebi nenhuma censura ou pressão sobre a novela [da emissora ou do governo]; transmiti tudo o que desejei e se mais não disse foi porque não quis".

Tal declaração marca uma postura de combate, em que exagera o aspecto autoral de sua obra. O que ele diz não é totalmente verdadeiro: seus capítulos têm ganchos, suspense e outros artifícios que ele alega não ter utilizado. Por que esse exagero? Minha hipótese é que ele tenha perdido a paciência *durante a exibição da novela*, por uma série de reações negativas surgidas em São Paulo. Tal repercussão o irritou, como se percebe em entrevistas e reportagens, e pode tê-lo levado a uma atitude de defesa (ver mais detalhes no próximo capítulo).

Pressionado, o autor reage como alguns de seus personagens. É possível que no momento da repercussão negativa – escrevendo os roteiros conforme a novela era exibida – Jorge Andrade tenha aumentado sua identificação com a personagem Marta, recuperando traços da Marta anterior, de *As Confrarias*, que provocava os representantes das congregações que não aceitavam o corpo de seu filho.

3.3 O ARTISTA QUE SE SACRIFICA

Nas peças de Jorge Andrade, o tema do sacrifício do artista é muitas vezes mencionado: o artista para ele é o homem (comum) que se sacrifica pelo Homem (humanidade).

Muitos finais, em suas peças, trazem inquietação, em vez de resolução. Suas principais obras mostram trajetórias de esforço extenuante com pouca recompensa, levando apenas à consciência amarga de que o esforço não termina, e continuará sendo necessário. Há uma constante em seu pensamento: para ele, a Arte seria uma maneira de entender o Homem, mesmo que à custa do Sacrifício. Esta visão do teatro aparece representada no personagem Vicente, um dramaturgo mergulhado em crises pessoais e artísticas, presente em suas peças metalinguísticas. Em *O Sumidouro*, Vicente dialoga com a esposa Lavínia. Ela pergunta: "Vicente! Será que é a melhor forma de se realizar, sacrificando-se, assim?" e ele responde: "É a minha forma" (Andrade, 1986: 535).

Ao final desta peça, Vicente escreve "no limite de suas forças, mas com libertação". Marta, a empregada doméstica, entra em cena, vê o dramaturgo adormecido, lê as últimas palavras datilografadas e apaga a luz. As palavras dizem: "Procurar... procurar... procurar... que mais poderia ter feito?" (Andrade, 1986: 594).

Em *O Grito*, Jorge Andrade retrata o intelectual/artista explicitamente em dois personagens: *a*. Gilberto, o homem racional, que estuda e analisa; *b*. Débora, a atriz erudita que perdeu a fama[3]. Mas, considerando a recorrência em suas peças teatrais do tema do artista como figura que se sacrifica, também é possível interpretar a experiência religiosa de Marta como espelho de seus ideais artísticos.

A trajetória de Marta é uma re-encenação da paixão cristã, de sacrifício e redenção. Ela carrega o filho que nasceu errado, e se oferece em sacrifício à condenação dos condôminos, em nome de sua união. A alegoria que relaciona os condôminos à humanidade é muitas vezes indicada no texto.

Marta poderia simbolizar também a figura do escritor. Tal interpretação surge por aproximações formais e temáticas. A personagem tem, na telenovela, uma posição estratégica semelhante à de um narrador, na medida em que todos os eventos circulam em sua órbita, sendo incitados ou modificados por ela. É uma figura centralizante, que emite juízos

---

3. Além disso, há outras referências em personagens secundários, mencionadas ao longo da análise: a participação de Wesley Duke Lee, e Lúcia, esposa de Gilberto, que pratica pintura de forma amadora.

e altera o pensamento dos outros personagens. Ela pode ser considerada um oráculo inserido na ação dramática; é objeto (vítima) da ação dos outros, e, ao final, revela-se protagonista, por ser a responsável oculta das ameaças de chantagem, numa estratégia complexa de ataque e defesa. Vítima que ameaça, Marta é o centro do último capítulo da narrativa, saindo de cena apenas na cena final, em que as rubricas assumem as últimas palavras do drama.

Marta sai do convento para conhecer o mundo, sofre, e decide abandonar o mundo voltando para o convento, deixando como última mensagem as cinzas do filho espalhadas sobre a cidade. Nesse paralelo, o "filho" doente poderia ser interpretado como a obra artística incompreendida, que o autor insiste em espalhar, ainda que de modo solitário.

Vejamos essas questões com mais detalhes.

3.4 Marta: a religiosa e seu filho doente

A seguir, um resumo mais detalhado da trajetória de Marta em *O Grito*.

Marta é viúva e mora no primeiro andar do edifício Paraíso com seu filho doente, um pré-adolescente de imagem serena como anjo, que, entretanto, grita desesperadamente todas as noites.

Nos primeiros capítulos da novela, ela é retratada como uma mulher pobre. Está com o pagamento da taxa de condomínio atrasado e por tal motivo não poderia participar da reunião em que possivelmente será proposta sua expulsão. Ela pede dinheiro emprestado ao intelectual Gilberto, e guarda os cheques para mostrar somente na hora da reunião, chegando assim de surpresa. Há uma lei dos condomínios a que os personagens aludem, nas questões tensas. Segundo tal lei, não é possível propor uma ação contra um condômino presente na reunião.

A caixa geral de fiações telefônicas, a partir da qual seria possível espionar as ligações por intermédio do interceptador, fica em frente ao seu apartamento. Lúcia, esposa de Gilberto, teme que o síndico use esse fato como argumento para expulsá-la. O tema da coação surge desde os primeiros capítulos: "[o síndico] vai encontrar meios [de expulsá-la]. Mesmo que não prove, pode convencer os condôminos e a vida dela ficará insustentável. É assim que a coação age. Já começou insinuando que a caixa de ligações fica em frente ao apartamento dela!" (Andrade, 1976a, cap. 11).

No passado, Marta foi freira. Saiu do convento para conhecer o mundo e casou-se. Ao engravidar, teve receio de "ser um pouco passada... para um filho". Sentia-se ao mesmo tempo "castigada por Deus... não pondo um filho no mundo". Culpada antes por não ter filhos, culpada depois por gerar um menino doente. Em cena de *flashback*, seu marido tenta tranquilizá-la: "Deus não costuma castigar pessoas boas como você" (Andrade, 1976a, cap. 3).

Mas o menino nasceu com uma debilidade "incurável". Segundo o médico Orlando, ele não ultrapassará os "quinze ou dezesseis anos" (Andrade, 1976a, cap. 1). Os gritos noturnos são motivados pelo vazio que sente à noite, quando cessa o barulho dos carros no minhocão (Andrade, 1976b, caps. 33 e 64). Trata-se de um comentário sobre os ruídos das grandes cidades (poluição, superpopulação, pressa, movimento), que preenchem o vazio/silêncio dos habitantes, tornando-os insensíveis ao sofrimento alheio. Mas, no silêncio, surge o grito do menino frágil, que relembra a todos o que não querem ouvir – como o autor se refere ao ato de criação, a pessoa que "apaga a luz de seu quarto e fica só diante de si mesma".

Segundo Lúcia, esposa de Gilberto, Marta "é uma mulher estranha! Parece personagem de tragédia" (Andrade, 1976a, cap. 10). Para alguns personagens, ela relata sua visão da intimidade com o falecido marido, que representa o "homem" que ela desejava conhecer, ao sair do convento: "Quando odiava, transformava-se numa máscara repulsiva. Podia ser covarde ou a própria coragem. Às vezes, era frágil como asas de borboleta ou vigoroso como um touro enfurecido! Quando encostava o seu corpo no meu... eu o sentia como o fermento da vida!" (Andrade, 1976b, cap. 62).

Marta conta a vários personagens sobre seu passado. Num telefonema com a Madre Superiora do convento, lembra-se de que tivera surtos quando era freira, e rolava "no chão como uma possessa" (Andrade,

1976a, cap. 21). Para conhecer a humanidade, trabalhou em vários lugares: "hospitais, albergues noturnos, favelas, prostíbulos", tentando "estar onde o homem sofre", e compreender "a condição humana", sofrendo com ele (Andrade, 1976b, cap. 79).

Na primeira reunião dos condôminos, o síndico manifesta sua preocupação sobre o roubo do interceptador telefônico. A desconfiança ativa (os moradores desconfiam uns dos outros) é logo transformada em desconfiança passiva (os moradores estão sendo observados), quando surge a carta anônima do ladrão do aparelho. Marta é quem encontra tais cartas, grudadas na caixa central de ligações. Ela é, nesse momento, a personagem em posição mais frágil, pois além de sentir a ameaça de expulsão, recebe também as cartas que a acusam. Acuada, ela se torna ponto de referência para o comportamento dos outros personagens. Os mais frágeis e os mais fortes manifestam suas opiniões a respeito dela, em atitudes que espelham seus próprios valores. Mas Marta, apesar de pressionada, não se sente indefesa:

> Trinta anos de meditação num convento... leva-nos a um raciocínio que pode ser quase perfeito. E como se isso não bastasse, tenho mais treze anos ao lado de uma cama, esperando a morte de um ser humano que eu mesma coloquei no mundo! Ninguém sabe o que isso pode fazer a uma mente! Não se preocupe! Estou preparada para a luta! (Andrade, 1976a, cap. 20: 11)[4].

No meio da primeira reunião, há uma referência à peça de Ibsen, *O Inimigo do Povo*. A personagem Débora (ex-atriz) olha o intelectual Gilberto e pensa em voz over: "Que homem maravilhoso! Ele está só nesta reunião, mas não importa: Ibsen disse no *Inimigo do Povo* que 'o homem feliz, o homem forte, o grande homem, é o que está só'!" (Andrade, 1976a, cap. 25).

---

4. Há certa proporção entre os períodos de tempo mencionados por Marta e a biografia de Jorge Andrade. Os "trinta anos no convento" poderiam ser a vida do autor antes de escrever para o teatro (*O Telescópio* é de 1951). Os treze anos "esperando a morte" do ser que ela "colocou no mundo" são comparáveis aos anos passados desde o fracasso de *Vereda* em 1964.

O GRITO DE JORGE ANDRADE

Marta tem uma esclarecida consciência social. Numa pausa da reunião, isolada com Gilberto num canto, ela diz que o edifício Paraíso é "uma pirâmide que esmaga uns para sustentar outros" e nele "estão representadas todas as classes sociais, todo tipo de mentalidade" (Andrade, 1976a, cap. 26).

Por volta do capítulo 70 dos roteiros originais, surgem indícios de um plano misterioso de Marta. Numa conversa com o intelectual Gilberto, ela declara se sentir sob ameaça de recriminações morais, por ter sido freira e depois ter se casado. Mas Gilberto desconfia que haja outro segredo. Ele tenta entender as falas enigmáticas de Marta: "Quando o prédio souber de seu segredo, ele [o menino doente] não será apenas o filho dela, mas um pouco o filho de cada um! E que quando partir deste mundo... ficará também um pouco em cada um! Você entende?" (Andrade, 1976b, cap. 70).

É nesse momento, também, que alguns moradores começam a desconfiar que Marta poderia ser a responsável pelo roubo do interceptador. A desconfiança mais forte vem de Carmen.

Ao longo dos capítulos, vários personagens procuram Marta para conversar. Nessas conversas, há um processo de expiação: os personagens contam seus sofrimentos passados, e conseguem finalmente compreendê-los e aceitá-los.

O último capítulo da novela se inicia com duas tensões: a revelação do responsável pelo roubo do interceptador telefônico, e a morte do menino doente. A confluência dos eventos destaca Marta. Ela confessa diante de todos, mas dois moradores tentam protegê-la assumindo também a culpa. O delegado sabe a verdade mas não a delata, pois ela revelou seu segredo para ajudar a menina Estela.

Aos telespectadores, a revelação surge num longo *flashback*, em que Marta explica seus motivos: "Insinuando que eu sabia o segredo de cada um, estava tentando fazer com que ouvissem os seus próprios gritos, e esquecessem os do meu filho". Numa contração ambígua, a vítima é culpada, e também uma heroína.

O delegado não revela o segredo de Marta, conforme pedido dela, protegendo-a de acusações e também dos agradecimentos de Edgard.

Mas os moradores estão apenas parcialmente convencidos. Nesse momento, a criança morre dormindo em seu quarto. A testemunha é Socorro, esposa do zelador. Ele entra na reunião e Marta adivinha a mensagem em seu olhar sofrido. No apartamento, todas as mulheres se reúnem para rezar. Marta é conduzida a uma cadeira e fica sentada, imóvel, ao som da oração coletiva. Outro longo *flashback* a mostra no convento, ajoelhada diante de uma freira. Ela conta de novo sua história: quando vivia reclusa, ouvia os barulhos da cidade através dos muros; decidira sair e conhecer o mundo, pois não poderia compreender o sofrimento se não o tivesse experimentado. "Eu não podia sentir Deus, sem me sentir uma pessoa humana. Como não podia compreender, sem sentir na carne o sofrimento, a dor. Agora eu sinto. Como espinhos, circulando no meu sangue."

Com a morte do filho, ela se considera pronta para voltar ao convento e ser uma "verdadeira religiosa". Diz: "Aqui é o meu lugar, depois que o meu filho morrer. Mas antes disso, eu quero deixá-lo um pouco dentro de cada um, como uma semente quando se joga na terra. Um dia ela germina, brota, cresce, dá flores e frutos".

Este projeto leva à conclusão da narrativa. O menino é cremado e Marta espalha suas cinzas pela cidade. A longa cena da cremação alterna, em montagem não realista, os vários personagens com lembranças de seu passado. A certa altura, o crematório é invadido por crianças que dançam e brincam pelo local. Ao final, Marta recebe a caixa de cinzas e as espalha pelo ar, sobre a cidade.

Na última cena, o intelectual Gilberto, sozinho em seu apartamento, olha a cidade pela janela. Sobre as imagens aparecem um letreiro que remete ao projeto de Marta: são passagens da Bíblia citadas pelo padre durante a cremação, falando da Marta (irmã de Lázaro) dos evangelhos de Lucas e João: "E a semente vai germinar, brotar, crescer, florescer e dará frutos!"[5] Tal mensagem é ambígua, sugerindo ao mesmo tempo es-

---

5. Entre as interpretações possíveis da parábola bíblica, pode-se entender que frutos são uma compensação pela morte da semente, assim como a disseminação da palavra de Cristo

perança e medo. A esperança vem da redenção da personagem, que conseguiu unir os moradores através da morte de seu filho. Mas as imagens da cidade "estranha, enigmática, apavorante", sobrepostas por "gritos de todos os lados" continuam inquietantes. Trata-se de um grito "terrível, apavorante, inumano", que – assustador como é – poderá brotar e dar frutos, sugerindo uma espécie de maldição sobre a cidade.

3.5 Marta como catalisadora do drama

Marta é a figura central de *O Grito*, catalisando o eixo principal da trama, e refletindo como espelho a trajetória dos outros personagens, levados a encarar a própria experiência a partir do contato com ela.

Como movimento dramático, seu papel de protagonista remete a outros personagens importantes na história do teatro: a referência de *Antígona*, de Sófocles, talvez seja a mais evidente, se considerarmos o estágio intermediário de Marta em *As Confrarias* (esta, sim, diretamente inspirada em *Antígona*). Trata-se de um personagem que se ergue para defender valores subjacentes, questionando os valores vigentes. O enfrentamento se constitui a partir de um corpo inerte e sem futuro, que a protagonista defende pelo significado moral. Na obra teatral de Jorge Andrade, a personagem Marta de *As Confrarias* é a mais próxima da Marta de *O Grito*, por sua centralidade e postura no jogo dramático. Na peça ambientada no século XVIII, Marta é o centro da ação, enfrentando as confrarias religiosas em busca de um lugar onde enterrar o filho morto. Nesse embate, expõe-se a política mundana das congregações religiosas, que Marta questiona em nome de valores humanos mais justos.

Tal personagem é essencialmente diferente dos protagonistas de outras telenovelas, que principalmente querem coisas do mundo profano (pessoas e dinheiro), e enfrentam dificuldades concretas. Os va-

---

recompensa seu sacrifício. Desse modo, o renascimento na vida eterna compensaria os sacrifícios terrenos do cristão.

lores abstratos aparecem constantemente nessa luta, como caminhos certos e errados para os personagens alcançarem seus desejos. Mas, na construção das cenas, tais opções morais raramente se elevam acima das questões concretas em debate. A moralidade é um motor embutido na trama, porém disfarçado por elementos visualmente mais atraentes[6].

Em *O Grito*, os elementos de sedução do espectador são diluídos entre os vários personagens que circundam Marta, no edifício Paraíso. Mas o jogo dramático é catalisado por ela, que eleva o tom dos diálogos, construindo paralelos entre os conflitos dos personagens e questões mais amplas.

Assim, embora os personagens dividam o tempo de cena com algum equilíbrio – Marta não aparece mais que os outros personagens – há uma diferença de tom e de abrangência. Marta atinge a todos – estejam contra ou a favor dela – ao contrário dos outros, que não se relacionam entre si com a mesma intensidade. Ela é a heroína que se levanta em nome do bem comum, enquanto os outros estão presos aos limites de suas próprias existências.

No conjunto dos capítulos, Marta surge em cena depois que o contexto da ação já está estabelecido (como também ocorre em *As Confrarias*). A novela começa por mostrar os outros personagens, cada um imerso em seu conflito. Alguns deles se referem a Marta e aos gritos de seu filho. Mas ela só aparece no segundo capítulo, depois de criada expectativa a seu respeito. O suspense sobre o filho é ainda maior. Fala-se muito dele nos primeiros capítulos, mas o menino doente só aparece no capítulo 5 (exibido numa sexta-feira), na cena final de gancho, soltando seu grito horrível e inumano. As novelas das 22 h eram

---

6. Nas telenovelas da década de 1970, Dias Gomes é provavelmente o autor que exibe mais maestria no disfarce sedutor dos debates políticos. Na leitura de seus roteiros de telenovela, percebe-se a prioridade dos elementos graciosos e atrativos, numa proposta de entretenimento inteligente. Seus textos são irônicos e criativos, incluindo questões provocativas nas entrelinhas, em estilo exagerado e distorcido.

O GRITO DE JORGE ANDRADE

exibidas de segunda a sexta, e o gancho no final de sexta-feira deveria ser o mais forte, para causar expectativa até a próxima segunda. O grito ao final do quinto capítulo explicita a centralidade do tema: sendo o título da obra, a questão é formalmente localizada no momento de mais destaque na semana.

Vejamos um trecho do capítulo 43 (arquivo da família):

MARTA – [...] Fui deixada num convento quando tinha dois anos... e ninguém nunca mais me procurou. Portanto, não sei de onde venho, que sangue corre em meu corpo. Isto é terrível!

ORLANDO – Por quê?

MARTA – É como se não pertencesse ao mundo dos homens. O presente e o passado começam e terminam em mim mesma.

ORLANDO – (sorri) E o futuro?

MARTA – O futuro nunca deixou de ser a soma do passado com o presente, não é mesmo?

[...]

ORLANDO – Mas sinto-me bem quando venho aqui.

MARTA – Pois venha quantas vezes quiser. Olhar você é a única maneira que tenho para saber como seria o futuro do meu filho. Aliás... sinto-me como se estivesse na frente dele!

ORLANDO – (levanta-se) Posso voltar, então... independente de qualquer consulta?

MARTA – Se quiser. Você trabalha num posto de saúde, não é verdade?

ORLANDO – Na periferia!

MARTA – Um dia... pode me contar o que se passa no posto? Gosto de saber o que acontece entre os homens lá fora.

ORLANDO – Posto de saúde e na periferia... só acontece tristezas!

MARTA – A vida não é feita só de alegrias. Não vivo presa a um grito?

ORLANDO – Desculpe.

MARTA – Desculpar o que? Acha que a dor no meu apartamento é maior do que a da periferia?

ORLANDO – Não quis dizer isto.

MARTA – Nem podia, porque não é. Há dores muito maiores.
(Andrade, 1976b, cap. 43)

Aqui se notam características recorrentes em toda a obra. É uma cena de quatro páginas, com um único e longo diálogo entre Marta e Orlando. Não acontece muito. Marta chama Orlando pelo telefone, alegando um motivo que depois desmente. Está apenas solitária e necessita "conversar um pouco". Ela fala de sua vida em tom "enigmático", e ao final Orlando se mostra "sereno e limpo", estranhamente ligado a ela. Trata-se de uma das muitas cenas em que outros personagens são chamados por Marta, ou sentem-se misteriosamente motivados a procurá-la.

Aos fatos mencionados no diálogo, segue-se sempre uma abstração. Marta diz que foi abandonada num convento quando criança – mas esse dado, em vez de levar a outras informações factuais (que poderiam dinamizar o enredo), é concluído com a consideração poética de que Marta sente o "presente e o passado" encerrados em si mesma. O motivo da criança abandonada – o órfão, o filho perdido – é comum em tramas de novelas, criando a expectativa do reencontro ou a busca da identidade dos pais. Não é o caso com Marta: ela foi abandonada e as ações se encerram aí. É uma explicação mencionada de passagem, para contextualizar seu desejo amplo e místico de reunir, em sua própria trajetória, os dramas de toda a humanidade. Não é o abandono que *gera* seu movimento de expiação. Ao contrário, o abandono é apenas uma explicação reconhecível a uma dinâmica dramática que é essencialmente misteriosa[7].

A ampliação do sofrimento particular para o geral aparece no segundo trecho do diálogo. Marta diz a Orlando que vê, nele, uma projeção do filho. Então pede que ele fale sobre "os homens lá fora". Para Orlando, "lá fora", no posto de saúde e na periferia, "só existe tristeza". Marta liga a dor externa à sua própria, sugerindo que a situação não comporta gentilezas: não existem "desculpas" possíveis quando "há dores muito maiores".

7. Também se estabelece um contraste evidente, no conjunto da obra de Jorge Andrade, por se tratar de um personagem sem origens familiares, entre tantos outros aprisionados por suas origens.

3.6 A CRISE DO HOMEM TRADICIONAL: AGENOR, KÁTIA E SEBASTIÃO

Considerando a posição central de Marta como catalisadora do drama em *O Grito*, vejamos como se articulam as outras questões importantes na obra de Jorge Andrade.

Entre os treze grupos de personagens listados no capítulo "*O Grito*: Uma Novela Existencialista", há várias figuras recriadas a partir das peças anteriores à novela. Algumas semelhanças são mais evidentes que outras mas, de certo modo, é possível encontrar um traço de outras obras em quase todos os personagens da novela: Mafalda, de família tradicional paulista, quatrocentona que faz contrabando de joias trazidas do exterior (como Noêmia de *Senhora*); Sérgio, delegado honesto (como Hélio, também de *Senhora*)[8]; Gilberto, um intelectual em diálogo constante com a esposa (como Vicente de *A Escada*); Sebastião, fazendeiro em conflito com a personalidade de seu filho (como João José de *Rasto Atrás*); Doroteia, mulher frustrada por não ter filhos (como Helena Fausta de *A Escada*).

Entre tantas possibilidades, o núcleo composto por Agenor, Kátia, Sebastião e Branca se destaca por tratar de homossexualidade e androginia. Os conflitos de tais personagens revelam a importância de alguns arquétipos femininos no trabalho de Jorge Andrade, em contração complexa de fragilidade e força.

Kátia é uma jovem secretária, que cresceu num orfanato, e sobreviveu ao incêndio do edifício Joelma[9]. Ela também é uma mulher sem origens, como Marta, e considera tal fato positivo: pode usar a imaginação para inventar os pais que quiser (Andrade, 1976a, cap. 118: 2). O incêndio do Joelma reforçou sua determinação de gozar a vida: "É só ficar preso num prédio incendiado, cercado pela morte por todos os lados, uma ilha hu-

---

8. Apesar da figura notória de Sérgio Paranhos Fleury, delegado do Dops, considero que o nome Sérgio foi escolhido pela sonoridade próxima à de Hélio, e não remete à imagem do torturador.
9. Tragédia ocorrida na cidade de São Paulo, em fevereiro de 1974, na qual morreram 187 pessoas (Caversan, 2003).

mana ansiando pela vida além das labaredas! Quando a gente consegue escapar, a brisa que bate em nosso rosto é como se fosse o beijo de Deus!" (Andrade, 1976a, cap. 58). Kátia gosta "de ver um homem se vestir... e se despir também!" (Andrade, 1976a, cap. 103). Ela odeia "os moralistas que vivem querendo consertar o homem, o mundo!" (Andrade, 1976a, cap. 99). Muitos moradores não aprovam seu comportamento liberal. A jovem tem um sonho: ficar nua na janela "e provocar um congestionamento monstro no Minhocão!" (Andrade, 1976a, cap. 123). Ela realiza esse sonho nos últimos capítulos.

Agenor é um executivo, solteiro, que mora com os pais, Sebastião e Branca. A família tem fazendas no interior, mas os velhos decidiram mudar para a capital por causa do comportamento do filho: "Agenor já está com mais de trinta anos... e ainda não foi na zona! [...] Homem gosta é de mulher! (atônito) Com mais de trinta anos, Branca. Já pensou?" (capítulo 22). Branca diz que o casal só voltará ao interior quando o filho casar: "Só com seu casamento, seu pai pode provar a si mesmo e aos amigos que não é verdade o que pensam de você" (Andrade, 1976a, cap. 18). Agenor se defende: "Não é vergonha ser solteirão... e pretendo continuar!" (Andrade, 1976a, cap. 14).

Agenor sai à noite com "roupas extravagantes" (Andrade, 1976a, cap. 2). Usa a porta da garagem para não encontrar outros moradores. Mas Francisco, o zelador, tem o hábito de verificar arranhões nos carros toda noite. Agenor teme ter sido visto. Apesar das escapadas noturnas, é solitário e liga constantemente para o cvv (Andrade, 1976a, capítulos 5, 85, 90, 117).

Sua primeira aproximação com Kátia acontece por iniciativa do pai, Sebastião. Ao perceber o comportamento exuberante da secretária, Sebastião a procura e lhe oferece Cr$ 20 mil: "Meu filho vai casar... mas antes precisa conhecer uma dona formosa e com uma certa experiência!" Kátia recusa: "Cada um é o que é! E daí? Respeite seu filho e respeite a mim!" (Andrade, 1976a, cap. 27). Mas Kátia se comove com o caso, e faz contato com uma prostituta, que deseja apresentar a Agenor como se fosse uma amiga. Ela se aproxima dele, que a convida para visitar o estúdio do pintor Wesley Duke Lee. Nessa visita, Kátia descobre que Agenor frequenta o lugar há um mês, para observar o quadro "Os Mil Olhos da Verdade", que mostra uma figura andrógina: "os ombros são masculinos, mas tem seios. As cadeiras são estreitas, mas tem sexo feminino" (Andrade, 1976a, cap. 42).

A partir desse encontro, Kátia se comove com Agenor, por quem sente uma "coisa estranha", "uma espécie de piedade" (capítulo 71). Ao comentar o caso com Orlando – jovem médico, seu parceiro eventual – este faz uma ironia, dizendo que Kátia quer "bancar a samaritana sexual" (Andrade, 1976a, cap. 58).

A liberdade de Kátia atinge um limite: ao aceitar o convite de seu chefe para sair à noite, ela descobre, ofendida, que se trata de um programa com vários homens e prostitutas. Kátia pede demissão, e procura Agenor, precisando de um novo emprego. Ele a ajuda, e passam a trabalhar juntos também em casa, além do expediente.

Agenor se encanta com a "alegria de viver" de Kátia. Os dois se aproximam lentamente. Certa noite, Kátia convida Agenor para visitá-la, e ele hesita entre a vontade e o medo do fracasso. A dúvida é mostrada longa e detalhadamente ao longo dos capítulos. Finalmente ele se deixa seduzir e sente "qualquer coisa como se fosse explodir...! Como um grito parado dentro do peito!" (Andrade, 1976a, cap. 99).

Quando os dois passam a noite juntos no apartamento dela, Sebastião (o pai), agachado no corredor, observa tudo pelo buraco da fechadura. Depois de consumada a relação, ele sai pela rua, "dirigindo-se aos que passam": "Meu filho conseguiu!... ele conseguiu!... Vocês compreendem...?! Eu tinha certeza...!" (Andrade, 1976a, cap. 100).

No apartamento, Sebastião tem fantasias sobre a masculinidade do filho. Imagina Kátia grávida, o quarto "repleto de crianças". Na fantasia aparece o síndico Otávio, que "fica de quatro". Sebastião grita: "Tudo neto meu! [...] E filhos de Agenor! É você que não tem nenhum! Não dá no couro! [...] Montem nele! Montem!". Duas crianças "sobem nas costas de Otávio e todo mundo ri" (Andrade, 1976a, cap. 105).

Depois da noite juntos, Agenor decide casar com Kátia. Agora é Branca (a mãe) quem fantasia. Imagina Kátia "pintada como uma prostituta vagabunda", rindo debochada: "Eu vim buscar o teu filhinho!" (Andrade, 1976a, cap. 110). Para celebrar o futuro casamento, Agenor dá a Kátia as joias da família (Andrade, 1976a, cap. 118).

3.7 Sexualidade na obra de Jorge Andrade

O núcleo de Agenor e Kátia tem um alto grau de espetáculo, com cenas de sedução, insinuação de homossexualidade, nudez e fantasias sádicas. Esse material mostra maior liberdade de Jorge Andrade ao tratar das questões eróticas (que se tornam progressivamente mais explícitas em seus textos, desde suas primeiras peças até o romance *Labirinto*, de 1978, posterior à telenovela).

Na obra de Jorge Andrade, a questão sexual é tratada de modo tenso, e nem sempre caminha para bom resultado artístico. Há passagens que causam constrangimento, pelo tom exacerbado e exagero de linguagem, como a peça *Milagre na Cela* e certas cenas de *Labirinto*. O autor teria também escrito uma peça erótica, nunca divulgada, como relata Catarina Sant'Anna:

> Consta que, um ano antes, em 1979, o autor escrevera *Lady Chatterley em Botucatu* [...], peça teatral curta, do gênero "erótico", para atender ao desafio de seu amigo o ator Antônio Abujamra, a quem deu a guarda do texto, até o momento não divulgado em atenção a um pedido da família do dramaturgo que, embora não o tenha lido, atesta ser uma obra escrita "por brincadeira", muito ruim, fruto de um momento descontraído de humor de Jorge Andrade (Sant'Anna, 1997: 105-106).

Algumas cenas relacionadas à sexualidade parecem estranhas às peças de que fazem parte. Em *As Confrarias*, por exemplo, entre problemas mais graves e abstratos, a personagem Marta menciona Quitéria, amante de seu filho falecido: "Parece ter sido feita para alimentar a humanidade, com os peitos que possui. [...] Gostava de observá-los. Tudo, entre eles, era luta de possuídos! [...] *Marta esconde-se e fica observando José e*

Quitéria". A mãe escondida, observando o filho com a amante, aparece retrabalhada em *O Grito* (o fazendeiro Sebastião espia o filho Agenor), e se assemelha a uma cena de *Labirinto*, romance autobiográfico de Jorge Andrade. No romance, o menino Aluízio está deitado no paiolão, quando ouve alguém entrar. Ele se esconde e observa:

> O mulato Ataíde vai falando e arrancando a roupa de Didieta, que aparece nua diante de mim, com peitos-mamões [...] Didieta enfia o rosto nas coxas encordoadas do carroceiro, beijando, mordendo. Endoidado, com expressão que se congestiona, Ataíde segura-a com violência e seus lábios grossos, os dentes brancos e perfeitos, vão passando dos peitos – sugados e mordidos – para o pescoço, orelhas, olhos, coxas, e se fixam na boca de Didieta como ventosas (Andrade, 1978: 86).

Nessas passagens, o tom elevado da linguagem parece estranhamente pomposo para a cena que narra: um carroceiro e a copeira da fazenda, escondidos num paiol, mantêm relações sexuais entre sacas de café. Entre o tratamento contido dos temas sexuais em suas primeiras peças, e os diálogos e descrições muito explícitos de *Milagre na Cela* (1977) e *Labirinto* (1978), a telenovela *O Grito* fica no meio, indicando uma transição.

Em *O Grito*, entretanto, o jogo entre o explícito e o implícito é mais equilibrado, talvez pelas próprias limitações do meio televisivo, que lidava com a censura e a moralidade média da sociedade. Essa censura talvez tenha levado Jorge Andrade a conter o tom das cenas, limitando detalhes que em outras obras descreve com certo rebuscamento. A censura pode ter contribuído artisticamente, ao estabelecer um pudor que combina com suas limitações a respeito da questão.

Mas, apesar da censura de tom, há também certa liberdade artística que o autor assume ao criar um personagem homossexual, diferente de sua vivência. O distanciamento ficcional permite que se discuta a androginia explicitamente, como sublimação artística e também como opção pessoal, no estúdio de Wesley Duke Lee e em outras rubricas.

FLASHES DO QUADRO DE WESLEY VÊM AO SEU PENSAMENTO [de Agenor]. Nervoso, ele levanta-se e vai olhar na vidraça, seguindo uma moça que passa pela calçada. A moça cruza com um homem. Agenor deixa de seguir a moça e segue o homem. De repente, atormentado, ele se volta, senta-se à mesa e tenta retomar o trabalho. Sobre sua mesa, o retrato de Branca como se o vigiasse. CORTE (Andrade, 1976b, cap. 52).

Kátia segue uma linha de personagens femininas decididas e exuberantes, com desejo forte. Outras personagens femininas na novela explicitam seu desejo, inclusive Marta, uma freira que queria "conhecer o mundo na carne".

3.8 O SENTIDO ARTÍSTICO DA ANDROGINIA

O feminino, na obra de Jorge Andrade, é tratado com complexidade, sem caricatura. Muitas de suas peças têm protagonistas mulheres. Tais protagonistas são seres nos quais ele se projeta, veiculando seu desejo de expressão e conhecimento do mundo. A sexualidade seria mais um signo da sua vontade de "abraçar a humanidade" em sua materialidade e emotividade.

Em algumas peças teatrais de Jorge Andrade, e também em seu romance autobiográfico, aparecem várias situações que mostram conflitos da masculinidade na juventude. A homossexualidade aparece como suspeita, acusação injusta, na voz do pai que não compreende o filho. O problema desses personagens, duplos do autor, é se descobrirem como homens não masculinos, filhos sensíveis, que gostam de arte e leitura em vez de prostíbulos, que passam o dia na fazenda entre mulheres – mãe, avós e tias. São jovens que se recusam a matar um animal caçado, e são acusados de pouca hombridade pelo pai, macho orgulhoso. Nas peças e no romance, esse confronto com o mundo patriarcal é tenso e sóbrio.

O romance *Labirinto* descreve a primeira experiência sexual do rapaz humilhado pelo pai, com uma "prima samaritana" que reconhece sua fragilidade e o conduz carinhosamente para o contato com o corpo e o prazer sexual[10]. A prima entra no quarto do rapaz quando a família viaja, e afasta seu medo de não ser homem[11]. O movimento de tal personagem é semelhante ao de Kátia, a "samaritana sexual", que surgiu na telenovela em 1975. O tema foi tratado na obra televisiva em primeiro lugar, e depois retrabalhado no romance[12].

Na telenovela, a androginia de Agenor aglutina ao menos dois sentidos possíveis. Trata-se, por um lado, de um recurso atraente e polêmico, que poderia despertar a atração do público por explorar tabus e sensualidade.

Mas a androginia é também relacionada à figura do artista, que deve incorporar em si o masculino e o feminino, como premissa da capacidade de criar. Tal androginia artística é explicitamente comentada em diálogos, nas cenas realizadas no estúdio de Wesley Duke Lee.

> WESLEY – (*olha o quadro*) Representa, para mim, o casamento de duas forças num único ser: a masculina e a feminina. Examine a figura: os ombros são masculinos, mas têm seios. As cadeiras são estreitas, mas têm sexo feminino. O chapéu é de mulher, mas esconde rosto de homem.
>
> KÁTIA – Mas por que esta mistura?
>
> WESLEY – Porque o artista harmoniza esses opostos nele mesmo.
>
> KÁTIA – (*passada*) E você... pode se sentir homem e mulher ao mesmo tempo?!
>
> (Andrade, 1976b, cap. 43: 12).

Nas peças de Jorge Andrade em que os protagonistas são homens, eles estão constantemente em crise, emaranhados em questões complexas que não conseguem resolver (Vicente em *Rasto Atrás* e *Sumidouro*, Joaquim em *Vereda da Salvação*). Já nas peças com protagonistas mulheres,

---

10. No romance, o narrador chama-se Jorge, e tem muita proximidade biográfica com Jorge Andrade. Mas a obra não é uma autobiografia, e não deve ser compreendida como um depoimento preciso, mas sim como uma criação literária inspirada pela experiência do autor.
11. A cena acontece entre as páginas 170 e 172 do romance.
12. Agradeço à professora Catarina Sant'Anna, que ressaltou a semelhança entre a novela e o romance em parecer para minha banca de qualificação, realizada em setembro de 2010.

elas são figuras que veem claramente e têm coragem para agir (Marta em *As Confrarias*, Mariana em *Pedreira das Almas*, Joana em *Milagre na Cela*).

Quando sente o impulso de elevar o tom e construir figuras fortes, o autor as concebe como mulheres. É preciso observar que nem todas as mulheres em sua obra são fortes e valorosas. Mas ele constrói muitas protagonistas assim. Mais que uma questão de gênero, ressaltam-se nessa escolha os valores que ele atribui ao feminino: visão clara, compreensão, decisão.

Um dos motivos essenciais em *O Grito* é a busca por sentido: uma orientação, uma resposta. Os personagens procuram Marta, e Agenor procura Wesley Duke Lee. Gilberto observa a cidade de sua janela, buscando entendê-la, e mostra seus textos à esposa Lúcia, que opina com sabedoria e tranquilidade. O delegado Sérgio espiona os moradores do edifício Paraíso, procurando um criminoso. Aos poucos, o clima de espionagem (estabelecido no início da novela como traço de gênero) revela-se como busca de sentido.

A relação entre os personagens indica que alguns têm as respostas que os outros procuram. Há os personagens que ajudam, e há os que precisam de ajuda. Algumas respostas (sentido) são encontradas por enfrentamento: Edgard enfrenta Mafalda, Laís enfrenta Carmen, Doroteia enfrenta Otávio. Em outros casos, a resposta é oferecida num ato de generosidade. É o caso de Lúcia, Marta, Kátia e Orlando.

O caso de Orlando é curioso, pois se trata de um raro personagem masculino com sabedoria e generosidade. Orlando e Kátia são quase duplos: dois indivíduos vitais e sensuais que decidem seduzir, por bondade, alguém medroso/traumatizado. Assim como Kátia se esforça, com paciência, para seduzir Agenor, Orlando faz o mesmo com Débora, atriz erudita que perdeu o sucesso. A caracterização de Débora remete a uma grande atriz do TBC – mulher culta, refinada e algo esnobe. Ela cita, em várias cenas, autores que eram referência de Jorge Andrade: Tchékov, Ibsen. É essa mulher, com medo de sexo por um trauma infantil, que encanta Otávio. O movimento da prima samaritana que introduz o jovem sensível ao mundo do contato carnal é recriado, e no lugar do jovem tímido há alguém de meia idade, frustrado e saudoso do sucesso teatral passado.

No primeiro capítulo, o paralelismo entre Débora e Agenor é acentuado. O roteiro previa a passagem: Agenor está angustiado em seu quarto, diante do espelho, depois de falar com a mãe[13]. Corta-se para "Débora, muito bem vestida e olhando-se no espelho". Nas imagens do capítulo gravado, o paralelismo se destaca, pois Débora é mostrada com vestido avermelhado, cheio de babados, em plano geral (sem detalhar o rosto). Por um instante, o espectador pode se perguntar se é Agenor.

O grau de androginia é forte: o autor alterna, em vários personagens, os traços masculinos e femininos, ativos e passivos, variando as posturas de vigor e medo, ataque e defesa.

3.9 FRAGILIDADE SOCIAL E O TRABALHO

Para encerrar o capítulo, é importante mencionar como a novela relaciona a fragilidade individual (a criança, o feminino, o introspectivo) com a fragilidade social (pobreza).

O Grito relaciona diretamente a fragilidade de Marta a questões sociais e urbanas. Há cenas interessantes com as empregadas domésticas de vários apartamentos do edifício, discutindo sua posição social com grau razoável de consciência. O retrato social dos personagens pobres demonstra o destaque atribuído pelo autor à figura do trabalhador honesto. Há Albertina, negra, antiga babá "de família" que agora sustenta a ex-patroa falida: escapando da pobreza, está ainda presa por laços afetivos a sua "missão". Mas há também o migrante nordestino, Francisco, que chega a São Paulo sem nada, com a família em situação frágil, e consegue sobreviver em virtude do trabalho duro como pedreiro. Francisco torna-se zelador do prédio que construiu, encaminha a filha para a universidade, e ao final se muda para a cobertura, graças ao casamento da filha com o delegado Sérgio, outro homem honesto.

Nos primeiros capítulos, as rubricas indicam muitas descrições da cidade. Sérgio, observando os moradores com sua lente teleobjetiva, tes-

---

13. Na expectativa de sair de casa com as "roupas extravagantes", como detalhado no capítulo 2.

temunha cenas de solidão na cidade: "A teleobjetiva para em um homem encostado ao muro: ele está com a mão no bolso e fala sozinho – é a imagem viva do abandono e da solidão humana" (Andrade, 1976a, cap. 19). E também: "Ele vê, em *stop motion*, uma negra sentada no chão, abraçada ao filho jovem e soltando um grito de desespero. Em volta da negra, um bando de filhos menores. O investigador espanta o pensamento, fecha a janela e volta para a cama" (Andrade, 1976a, cap. 6).

Os diálogos expõem comentários sobre questões sociais em várias passagens. Assim fala Edgard, o morador da cobertura: "Antes... os moradores de um prédio eram geralmente pessoas do mesmo nível social. Havia uma seleção natural determinada pelo poder aquisitivo. Mas agora! Minha mulher tem razão – quando afirma que o crediário esfacela tudo!" (Andrade, 1976a, cap. 26).

Gilberto, professor universitário e "antropólogo social", é um dos personagens que mais racionalizam a esse respeito:

GILBERTO – Há os que são economicamente classe superior, mas mentalmente classe inferior.

MARTA – Como assim?

GILBERTO – Para mim, quanto mais distante for o futuro que uma pessoa pode imaginar e quanto mais puder se sacrificar por esse futuro, mais a sua classe é superior!

MARTA – O senhor tem uma maneira curiosa de dividir as classes!
(Andrade, 1976a, cap. 26).

Ao final da trama, quando morre o menino excepcional que muitos queriam expulsar, o roteiro apresenta sua ironia. Carmen – que veio do bairro da Penha, liderou as tentativas de expulsão, e por fim tornou-se síndica do edifício – declara suas intenções moralizantes, em triste retrato da situação política do período: "Deus, pátria e família!... Será o meu lema!"[14]

14. Apesar de pouco mencionadas neste estudo, destacam-se na novela muitas referências ao momento social e político do país. O eixo da trama é uma questão comunitária, que deverá ser discutida em reunião, através de votação. Há inúmeras cenas que discutem a

O zelador Francisco, que trabalhou como pedreiro na construção do prédio, tornou-se o novo morador da cobertura. A ascensão – social e espacial – premia a honestidade e o trabalho: o delegado Sérgio consegue comprar o apartamento da cobertura porque tem economias. Ele oferece "o dinheiro que tem economizado" a Edgard, e o restante pagará "pela Caixa Econômica" (Andrade, 1976b, cap. 127). O industrial aceita a proposta, pois deseja vender o apartamento a qualquer preço, depois do sequestro da filha.

O espaço da aristocracia é herdado pelos trabalhadores. Mas os ricos Edgard e Mafalda não terão descanso. Fugiram do caos urbano mudando-se para o Morumbi[15], sem saber que Carmen deseja alcançá-los. Como nova síndica, sonha ganhar na loteria e levar sua família para uma mansão no mesmo bairro. Carmen não descansa. Sem o grito do menino, as noites tranquilas a incomodam. Diz para o filho: "Ligue a televisão. Não suporto este silêncio. Ponha bem alto!" (Andrade, 1976b, cap. 128).

---

legislação do condomínio, o valor do voto de cada morador, o direito formal (registrado em lei) e moral (consolidado culturalmente) de se expulsar quem é diferente, e as consequências dessa expulsão para o coletivo.

15. A migração das famílias ricas para bairros distantes do centro aparece em reportagem da revista *Veja* citada anteriormente, sobre metrópoles superpovoadas. Jorge Andrade menciona que pesquisou em matérias de jornal, para compor a novela, o que será comentado no próximo capítulo.

4
Reconhecimento e Recepção

* * *

Se aceitamos a interpretação de que Marta concentra, em *O Grito*, os valores que Jorge Andrade atribui à arte (ao drama, ao teatro) – a clareza de visão, a coragem de lidar com o que é mais interno e sofrido, e a capacidade de expiar tal sofrimento (compreender, atribuir sentido a ele) – disso se depreende que a arte permite *ver*. Ver, reconhecer e aceitar. Isso seria tudo, e apenas isso. A arte não resolve os problemas (que não desaparecem), apenas alivia a angústia do desconhecimento.

O esforço de ver e ouvir é a defesa do mais frágil, e sua única arma. Quem não tem forças para lutar no mundo dos homens, onde se disputa a posse dos espaços (as fazendas, casas e apartamentos, objetos de tanta disputa na obra do autor), pode apenas expor sua fragilidade. O frágil (o feminino), sem armas, pode apenas ver, e isso se transforma em arma (dizer). Contra essa arma, que só fere o orgulho, a única defesa do forte seria aceitar. Aceitar que a fragilidade existe. Reconhecer o direito de existência do frágil.

Em *Labirinto*, Jorge Andrade narra o processo de compreensão entre filho e pai. Um dos momentos importantes nessa trajetória é o encontro que teria ocorrido quando o velho assistiu a primeira montagem de *A*

Moratória. O pai teria pedido desculpas por sua ignorância, por não ter conseguido entender (Andrade, 1978: 156).

A fragilidade (a reclusão, a leitura, a bondade) era o centro do conflito entre pai e filho, durante a infância e a adolescência, segundo os relatos de Jorge Andrade. O sucesso como autor teatral demonstraria ao velho (e ao filho) que há um espaço no mundo para tal fraqueza. Quem está quieto, pode observar. E, observando, pode narrar.

O gesto de narrar (dizer) transforma a passividade do olhar em ação. Por trabalhar com meios audiovisuais (o teatro, a televisão) tal narração ultrapassa os limites da escrita, e se expande em imagens. Olhar (receber imagens) se torna mostrar (criar imagens).

Mas tal ação só se completa com a resposta do público, quando se estabelece um contato. Se a expressão (dizer) era fundamental para Jorge Andrade – se, entre tantas atividades possíveis, ele escolheu a escrita como sua forma de agir no mundo – seu caminho só se realiza quando ele pode reconhecer, em alguém, um sinal de aceitação. Alguém que viu, entendeu e se envolveu. Contato.

O escritor que mostra publicamente suá obra – no teatro, na imprensa, na televisão – recebe respostas variadas e dispersas. Por se tratar de uma mensagem aberta (dirigida a todos potencialmente, e a ninguém especificamente), os sinais de contato podem vir de muitos lugares. Um comentário interessado de alguém (amigo, desconhecido e/ou colega de profissão), uma crítica publicada na imprensa, os números de bilheteria ou audiência. Tais respostas podem ser positivas ou negativas, existindo também a possibilidade do silêncio, ausência de contato.

O Grito recebeu algumas manifestações positivas, mas as negativas foram mais estridentes. Jorge Andrade sentiu-se injustiçado pela falta de compreensão demonstrada pelas reclamações. Acusaram nele o contrário de sua intenção, queixando-se de que insultava São Paulo, sem perceber o sentido de sua obra: a qual denunciava precisamente a falta de proximidade nas cidades, onde se valorizam viadutos, obras e veículos, e se esquecem das pessoas.

Engajado em uma obra que deveria escrever por vários meses, Jorge Andrade reagiu à recepção negativa no decorrer do trabalho.

No mês de novembro de 1975, houve várias manifestações negativas a *O Grito*, como será detalhado mais adiante. Nesse período, o autor escrevia os capítulos em torno do número 70, pela numeração original (ver cap. 2). Talvez não seja coincidência que, exatamente nessa altura, apareçam os primeiros diálogos em que Marta insinua um plano secreto: "quando o prédio souber de seu segredo, ele não será apenas o filho dela, mas um pouco o filho de cada um! E que quando partir deste mundo... ficará também um pouco em cada um" (Andrade, 1976b, cap. 70: 7-8).

Seria possível interpretar o plano de Marta como uma projeção do autor ao escrever a novela? Quando o prédio (o público) souber de seu segredo (o desfecho da trama), ele (o filho, a obra) não será apenas filho dela (Marta, Jorge Andrade), mas um pouco filho de cada um? E quando partir deste mundo (fim da novela), ficará também um pouco em cada um?

Assim como Marta defende seu filho contra os que desejam expulsá-lo, Jorge Andrade defende sua novela contra os que não querem compreendê-la. A figura cristã do sacrifício abnegado – vocação de generosidade sem recompensa – adquire sentido nesse momento de seu trabalho.

4.1 Dificuldades na recepção da obra

Já vimos que *O Grito* estreou em outubro de 1975, depois do término de *Gabriela*, de Walter Durst. A sequência não deve ter ajudado a recepção da obra. Depois da sensualidade de Sônia Braga, quem estaria aberto a uma obra tão sombria?

Maria Helena Dutra faz a primeira crítica ofensiva na revista *Veja*, em 12 de novembro. O texto se chama "Um Grito Absurdo":

> É evidente, desde já, que as preocupações metafísicas dos moradores do edifício [...] são uma forma melancólica de esconder um fiasco: a impossibilidade do autor de dar vida própria aos tipos que considera comuns numa grande cidade. [...]
>
> Na novela, de fato, eles não são mais que habitantes irreais de um lugar irreal – qualquer pessoa sabe que não existe em São Paulo, ou provavelmen-

te em nenhuma cidade do mundo, um edifício como o Paraíso, habitado ao mesmo tempo por gente rica, média e pobre. Além disso, todos os problemas individuais são previsíveis e banais. [...]

Mais ainda, há o inédito fenômeno acústico que o autor colocou como fio central da história: todos os moradores dos onze andares do edifício são despertados, e pensam em seus problemas, por causa do grito de uma criança retardada de 11 anos de idade. Com o ruído avassalador que vem do Minhocão, nem uma bomba conseguiria efeito idêntico. [...]

É lógico que todas essas situações limitam o trabalho da direção e do elenco da novela. Walter Avancini usa todos os malabarismos da câmera conhecidos [...], mas não consegue criar o menor clima de tensão ou conflito ao redor da história. E o elenco, formado por atores vindos das mais diversas experiências e escolas de interpretação do país, pensa apenas em se salvar individualmente, por impossibilidade de construir uma personagem. [...]

No fim, sobra pouquíssima coisa de aproveitável. E num momento em que os problemas do homem moderno brasileiro estão longe das telas dos cinemas e dos palcos dos teatros, é lamentável que a televisão os apresente de maneira tão esquemática e primária (Dutra, 12 nov. 1975: 76).

A crítica é muito agressiva, direcionando a culpa ao trabalho do autor. O que teria irritando tanto, que merecesse tal ataque? "Fiasco", "previsível", "banal", "lamentável", "esquemática" e "primária". Muitas novelas eram criticadas, nessa época, com certa ironia arrogante. Mas aqui não há ironia: a novela é recusada frontalmente, maciçamente.

Alguns dias depois, o colunista Eli Halfoun, no Rio de Janeiro, relata outros problemas de repercussão. Uma campanha contra a novela seria liderada pelo radialista Sérgio Bittencourt, por causa do personagem Paulinho, filho de Marta, o menino excepcional:

Além do protesto dos paulistas, que consideram a novela uma verdadeira agressão, *O Grito* passou a ser tema de novos protestos: a de pais de excepcionais. O jornalista Sérgio Bittencourt foi quem iniciou a campanha, através de seu programa na Rádio Nacional. Sérgio acha que é um absurdo usar um menino doente como tema de uma novela. "Como pai de um menino excepcional sei como deve estar sendo horrível para pais como eu ver uma doença ser explorada pela televisão, em busca de audiência." O protesto de Sérgio já recebeu apoio de dezenas de pais de excepcionais [...].

Mas há quem acredite que Jorge Andrade, o autor de *O Grito*, esteja apenas querendo mostrar os problemas que os pais de excepcionais são obrigados a enfrentar pela falta de compreensão de vizinhos, exatamente como acontece na novela (Halfoun, 1975a).

No dia seguinte, Eli Halfoun dá mais detalhes sobre os protestos dos paulistas:

> Das muitas coisas que estão irritando os paulistas, uma é o fato de *O Grito* mostrar mendigos dormindo no Minhocão, o que, dizem os críticos de São Paulo, não acontece. [...] Jorge Andrade faz questão de dizer que nada em *O Grito* é gratuito: durante meses ele procurou captar uma realidade fácil de ser constatada, visitando prédios e participando de reuniões de condôminos, o que lhe dá agora autoridade para dizer: "Todos nós temos um grito preso na garganta. E todos os personagens têm um grito para dar".
>
> No início ele pensou, inclusive, em chamar a novela de *Paraíso Perdido*: "Paraíso, que de certa forma todos procuraram. Pois o homem, para se defender construiu a cidade. E hoje, em um processo inverso, e também para se defender, ele começa a procurar a Natureza. Naquele paraíso não cabe mais ninguém".
>
> A preocupação da Rede Globo com as críticas à novela fizeram, como anunciei há dias, ser iniciada uma campanha publicitária com a finalidade de mostrar que o autor é paulista e que seu grito não é especificamente contra São Paulo. É um grito do mundo (Halfoun, 1975b).

Halfoun cita o anúncio quase na íntegra. Procurei a versão completa, cujo título é "Quem Dá o Grito". Além do texto a seguir, há um letreiro em destaque, dizendo "A cores, 10 da noite, de segunda a sexta":

São Paulo é a principal personagem de *O Grito*. Jorge Andrade, descendente de tradicional família paulista – e paulista ele mesmo – viveu toda a transformação da pacata capital na maior metrópole da América Latina e numa das maiores do mundo. E é Jorge Andrade quem dá *O Grito*, o mesmo grito que ecoa em Nova York, Tóquio, Hong Kong, Rio de Janeiro. O homem emparedado no concreto, abaixo e acima dos viadutos e elevados, a multidão, a solidão, e a privacidade agredida. A novela *O Grito* é uma obra aberta e humanista e prossegue o trabalho, da Rede Globo, de levantamento da nossa realidade. Dezenas de milhões de brasileiros em contato permanente com o que existe de maior em nossa literatura: Jorge Amado, Dias Gomes, Lauro César Muniz, Bráulio Pedroso e o próprio Jorge Andrade de *Os Ossos do Barão* ("Quem Dá o Grito", 1975).

O texto aparece entre outros anúncios, de estações de rádio e autopeças. Há dois quadros dedicados a *O Grito*. Na página da esquerda, o texto sobre o autor. Na página da direita, uma foto de Gloria Menezes caracterizada como Marta, olhar baixo e oblíquo. A legenda diz: "Quando sua intimidade está ameaçada".

O *Jornal da Tarde* publicou, no mesmo dia, artigo de Regina Echeverria sobre o protesto dos paulistas:

> O telefone do sobrado branco no bairro das Perdizes, a algumas quadras do Minhocão, vem tocando com insistência nos últimos dias. Na linha, paulistanos indignados não se cansam de dizer a Jorge Andrade que sua cidade não é tão horrível como aparece todos os dias nas telas de seus aparelhos de tevê. [...]
>
> Jorge Andrade nunca pensou que o seu trabalho com a novela *O Grito* provocasse tanta indignação de público e crítica em sua própria cidade:
>
> – Está se armando uma onda contra a novela porque acham que estou falando mal de São Paulo. Mas, eu não entendo. Os jornais noticiam os problemas que eu coloco todos os dias. As pessoas, nas ruas, reclamam as mesmas coisas, protestam da mesma maneira (Echeverria, 1975).

Helena Silveira abre espaço em sua coluna na *Folha de São Paulo* para o mesmo tema. O primeiro sinal das reclamações aparece na carta de uma leitora do jornal:

> Maria Helena Aschemback, da Capital, externa-se sobre *O Grito*. São vários tópicos de sua carta. Eis alguns: "[...] Torna-se sumamente desagradável ouvir-se a pronúncia acariocada de Maria Fernanda e principalmente do brotinho [Lídia Brondi] que contracena com o Guto[1]. Não é necessário chagar-se ao exagero de fazer com que os atores falem italianado, como sói acontecer nesta Supercap, mas se já conseguiram fazê-los aproximar-se da maneira baiana de falar, em *Gabriela*, por que não tentar orientá-los numa pronúncia mais adequada?" (Silveira, 1975c: 40).

A atriz Maria Fernanda representava Mafalda, moradora da cobertura do edifício, paulista quatrocentona. O diretor Walter Avancini era paulista, de origem operária, do grupo dos artistas de esquerda. Foi ele quem defendeu o uso do acento baiano, em elenco de *Gabriela,* convencendo Boni, que a princípio era contra (Oliveira Sobrinho, 2011: 345). No caso de *O Grito*, percebe-se um esforço da atriz em representar com compostura, no primeiro capítulo. Mas não foi suficiente para certa faixa do público.

Em 29 de novembro, Helena Silveira defende a novela diretamente, declarando-se impaciente com a "burrice" das reclamações:

> Sou inveteradamente uma criatura que vai até as últimas consequências quando vê duas coisas: burrice e injustiça. [...] E hoje aproveito o topo desta página para falar na guitarra [*sic*] que cerca, em São Paulo, *O Grito* de Jorge Andrade.

---

1. Filho de Moacir Franco, que interpretava o personagem Guilherme, filho do intelectual Gilberto. No meio da novela, ele faz uma viagem, e desapareceu da trama. Helena Silveira relata que o motivo foi a não-renovação do contrato de Moacir Franco com a Globo, acontecendo o mesmo com o filho (Silveira, 1976c: 8).

COLEÇÃO POLÍTICAS CULTURAIS

O que é isso, minha gente? De onde vem este ranço de província? Este olor de baú fechado com muita roupa cheia de naftalina? [...] Querem que se cante São Paulo do princípio ao fim, com praças verdejantes, céu azul imune à poluição, tráfego disciplinado, todas as crianças na escola, os doentes assistidos – todos – em maravilhosos e gratuitos hospitais? [...]

E Jorge Andrade veio com seu jeitão caboclo de homem que ama chão, tijolo, pedra, talvez anzol e peixe. Começou a contar as coisas, a construir seu mini-São Paulo no Edifício Paraíso. Vocês têm todo o direito de não gostar do estilo, de preferir ver *Bravo!*[2] ou *Um Dia o Amor*[3]. Mas fazer essa gritaria, querer ir até o presidente da República e mandar que se retire a novela do ar como uma afronta a São Paulo, é algo inacreditável (Silveira, 1975d: 36).

Tantas reclamações parecem comprovar o que a própria Helena Silveira já havia indicado, no dia 6 de novembro, depois de apenas uma semana de exibição da novela. Ela registrou o choque causado pela obra, comparando-o ao choque elétrico que cobaias recebem em experiências científicas:

Já *O Grito* inicia-se como reportagem do dia a dia de uma cidade que nos aprisiona. Nós, paulistanos, quando ligamos para o canal 5, às 22 horas, sabemos que vamos acionar todo um mecanismo de reflexos e receberemos choques tal como os pobres cachorrinhos de mestre Pavlov.

A coisa, às vezes, torna-se tão ingrata que se imaginam duas alternativas para a novela: ou Jorge Andrade se revela um Balzac de imagens e nos compensaremos de nossos próprios dramas na transcendência de uma arte genuína, ou assistiremos a mais uma tentativa malograda de se fazer da cidade de São Paulo uma heroína de novela (Silveira, 1975e).

A menção a "mais uma tentativa malograda de se fazer da cidade de São Paulo uma heroína de novela" remete a um orgulho paulista insatisfeito. Mas a TV Globo estava cheia de paulistas. Apesar da produção de teledra-

2. De Janete Clair, exibida na TV Globo às 19h, entre junho de 1975 e janeiro de 1976.
3. De Teixeira Filho, exibida pela TV Tupi às 19h, entre setembro de 1975 e maio de 1976.

maturgia centralizada no Rio de Janeiro desde 1969 (Oliveira Sobrinho, 2011: 229), as principais figuras da emissora vinham da cidade e região, ou desenvolveram ali suas carreiras, antes de seguir para o Rio. Até as estrelas retratadas no monte Rushmore da capa de *Veja* em setembro de 1975: Glória Menezes, Francisco Cuoco, Tarcísio Meira, Regina Duarte e Eva Wilma.

Os ânimos devem ter se acalmado, e a novela prosseguiu, talvez já "enterrada" pela direção, como sugeriu Artur da Távola (ver cap. 2).

Ao término da novela, em abril de 1976, Artur da Távola publica dois artigos muito elogiosos na revista *Amiga TV*:

> *O Grito* gerou um dos mais estranhos fenômenos de audiência dos últimos tempos. Normalmente a novela das dez tem uma média de audiência mais ou menos fixa. Esta tinha dias de piques mais altos que as demais do horário e dias de acentuadas quedas durante o período em que estava no ar, quedas estas igualmente recordistas (como os piques). Esse comportamento irregular da audiência mostra a estranheza do público frente a um estilo de telenovela que discrepou do habitual, pois em vez de simplesmente distrair o púbico com muita ação e acontecimentos, preferiu fazê-lo pensar, entrar em si mesmo, meditar (Távola, 1976).

Távola considera a obra uma das "propostas mais sérias jamais colocadas numa novela de TV", mesmo com "alguns equívocos tanto na direção como do autor no tocante ao ritmo e aos tempos dramáticos".

Outro crítico, Paulo Maia, faz comentários duros no Jornal do Brasil:

> *O Grito*, como *Os Ossos do Barão*, é simplesmente uma telenovela chata e chatice não dá *status* cultural a texto nenhum. Por não ter ritmo, por submeter atores [...] [a] textos escabrosamente pretensiosos [...] essa novela [...] chega até mesmo a comprometer o autor, na sua dimensão de artista e autor num contexto de cultura brasileira (Maia, 1976).

O comentário mais irônico, entretanto, foi emitido pelo ator Ney Latorraca. A *Folha* publicou um perfil dele em 15 de abril de 1976 (escrito por Regina Penteado, que já entrevistara Jorge Andrade em novembro de 1975), quase ao fim da novela. A jornalista perguntou se Latorraca gostava de *O Grito*, relatando que ele respondeu "com a mesma vontade de um homem [com] revólver apontado às suas costas": "Adoro, fazer o dr. Sérgio foi a grande oportunidade da minha vida". Regina Penteado então escreve:

> Mais espontânea foi outra resposta, dada despreocupadamente uns dias antes, durante uma despedida, enquanto um táxi saía e ele ficava na calçada. "O final do *Grito*? – tinha dito quase berrando – O Edifício Paraíso vai implodir, com o Jorge Andrade dentro" (Penteado, 1976: 27).

Entre poucos elogios e muitas críticas, a recepção negativa de certo público paulista deixou marcas no autor. Em entrevista de 1978, no lançamento de *Labirinto,* ele se declarou seguro da qualidade de seu trabalho ("nenhum autor até hoje falou na televisão o que eu disse em *O Grito*"). Não emitiu nenhum juízo contra a TV Globo, mas acusou novamente as vozes reacionárias na cidade de São Paulo:

> Só que aqui, em São Paulo, foi uma propaganda, uma guerra contra mim por causa de *O Grito*, né? Que eu estava falando mal de São Paulo, diziam. De repente apareceu um paulistanismo de última hora, doentio, parecia que estávamos na revolução de 32, de tanto que me xingavam (Amâncio; Pucci, 1978).

4.2 O FINAL DE *O GRITO*

As principais reações negativas ocorreram nas primeiras semanas de exibição da novela (novembro de 1975). Jorge Andrade continuou escrevendo, concluindo os últimos capítulos em fevereiro de 1976. O desfecho da obra foi escrito depois da repercussão negativa – incluindo, assim, as reações do autor à recepção.

A interação entre escritor e público é uma característica importante da telenovela brasileira, do ponto de vista criativo e de audiência. Jorge

O GRITO DE JORGE ANDRADE

Andrade se inseriu nesse processo, como comentado brevemente no ca-pítulo 2. O diálogo com a crítica Helena Silveira era constante, e Jorge Andrade até pediu a ela um artigo escrito sobre Glória Menezes, para ajudá-lo na condução da personagem. O artigo se chamava "Desafio a Glória", publicado em 10 de dezembro de 1975, e defendia que Marta deveria ser uma mãe forte, sem traços de sentimentalismo que desper-tassem piedade. Helena Silveira se declara "muito contente" com um telefonema de Jorge Andrade, pedindo o recorte da crônica, pois queria aproveitá-la para "rematar" a figura de Marta, em 14 de fevereiro de 1976.

É interessante relacionar o modo de escrita das telenovelas – parale-lo à exibição – com a postura de Jorge Andrade como autor. Seria então possível interpretar algumas ironias ao final de *O Grito* – a ascensão de Carmen ao cargo de síndica, os letreiros amaldiçoando a cidade nas úl-timas imagens – como uma provocação final do autor, em relação às re-clamações dos reacionários paulistas?

O final da novela propõe um movimento usado por Jorge Andrade em outras peças teatrais. A exposição do que é mais doloroso traz cansaço e aceitação (a catarse). Os personagens desligam a luz, vão dormir ou se retiram. No recolhimento dos personagens também há, algumas vezes, a sugestão de um recomeço[4].

A cena de cremação do menino, no final de *O Grito*, destaca-se pela extrema visualidade. Em recurso não-realista, as lembranças fundamen-tais dos personagens são corporificadas, e crianças surgem rodeando o crematório. No trabalho de Jorge Andrade, o impulso visual é muito forte (Azevedo, 2001b). Se a visualidade é compreendida como arma

---

4. Por exemplo, em *Senhora na Boca do Lixo*, Marta é uma personagem secundária, mu-lher pobre que espera o filho preso na lúgubre delegacia, instalada num antigo "palacete art-nouveau". Marta "observa as pessoas com intensidade, numa tentativa de comuni-cação". É ela quem encerra a peça, numa referência ao lustre do palacete. A fala adquire sentido amplo, pois o objeto se relaciona ao passado ilustre e agora deteriorado do local: "Apague! Fica parecendo túmulo! Para nós, assim é melhor, não é? Melhor para todos!" (Andrade, 1986: 338). Essa Marta pontua o contrabando da elite com uma sabedoria fa-talista, vinda da pobreza e do sofrimento, num tom que oscila entre o grave, o poético e a praticidade extrema.

(ferramenta de comunicação, resposta), o grau de visualidade indicaria a intensidade com que deseja se comunicar.

O último capítulo da novela representa uma morte, com velório e enterro. Os restos mortais começam a ser discutidos na cena 5 do último capítulo, quando Edgard ordena ao zelador Francisco que prepare a sala de reuniões para o velório do menino. O palco onde se enfrentavam os moradores é agora usado como cenário do que restou depois do conflito: o menino morto por razões naturais (os médicos alertavam desde o início que ele não passaria da adolescência). O combate entre os condôminos teve pouco efeito no essencial, a vida do menino, sujeita à fatalidade. O resultado disso será sentido nos vivos, nos que restaram.

É o fim de uma novela que fora "enterrada" no fim do primeiro mês de exibição. A obra finalmente se encerra, por morte natural, nos seis meses previstos para seu fim.

Durante os últimos capítulos, mostraram-se alguns finais felizes em relações íntimas: Rogério e Marina se reconciliam, Débora aceita a corte de Orlando, Agenor pede Kátia em casamento, o zelador Francisco irá se mudar para a cobertura depois do casamento da filha com o delegado. Mas na esfera pública (o condomínio) o desfecho é desanimador. A nova síndica será Carmem, mulher reacionária, bisbilhoteira, egoísta e manipuladora. Os elegantes da cobertura, assustados pela violência no centro, retiram-se para o Morumbi. Os trabalhadores herdam uma cidade degradada e perigosa.

A morte do menino doente, no último capítulo, vem elevar (espiritualmente) o sentido de tal desfecho. Carmen é confrontada pelo filho e a nora, e as rubricas indicam um olhar de desamparo, diante de uma nova realidade:

> MÁRIO – Eu disse que Dona Marta não vai enterrar o filho, vai cremar.
>
> CARMEM – Cremar? [...] Isso é horrível!
>
> LAÍS – Horrível por quê?
>
> CARMEM – Por que os mortos a gente enterra, não queima.
>
> LAÍS – Que diferença faz?

O GRITO DE JORGE ANDRADE

CARMEM – A diferença é que a gente sabe onde vai no dia de finados.

LAÍS – Os mortos ficam na nossa lembrança, não num cemitério qualquer.

[...]

CARMEM – O mundo está mesmo de cabeça pra baixo! Em finados... onde a gente vai pôr flor?! Onde podemos acender as velas?! Em que lugar vamos chorar?!

LAÍS – Comprar flor, comprar vela, comprar coroa, comprar, comprar e comprar! Isto é comércio! O que os mortos têm com isto?!

PAUSA LONGA. Carmen olha sem saber o que concluir, ficando indefesa. Ela sente que uma nova realidade está presente.

(Andrade, 1976b, cap. 134: 9-10).

Mafalda também deve enfrentar o momento fúnebre. Recusa-se a descer ao velório, que acha "deprimente". Ela condena a naturalidade da situação, em que "a presença da vida acaba sendo muito mais forte do que a da morte" e "o sofrimento de alguns, [fica] misturado com piadas, risadas abafadas e a indiferença de muitos"[5].

Mafalda, da elite paulista, não desce ao velório. Mas a ele comparecem "operários, gente de cor e até um mendigo". São moradores e trabalhadores do bairro, que ouviam os gritos e decidiram ir. Estão todos "silenciosos, revelando respeito". Seguindo a analogia entre a morte do menino e o fim da novela, seria possível entender que certo público orgulhoso recusou a obra, mas outra parte do público, anônima, assistiu em silêncio e respeito (como será comentado na conclusão).

No dia seguinte, Marta chega ao crematório e "os moradores do prédio já estão esperando, espalhados pelas laterais do edifício". Ela caminha e "todos acompanham, formando uma espécie de procissão". Todos se reúnem em torno do lugar onde surgirá o caixão, elevado quando o padre aperta um botão. "A tampa do elevador começa a se abrir. Lentamente, o caixão do filho de Marta sobe até ficar no meio de todos."

---

5. Todas as passagens entre aspas, a seguir, são citações literais dos roteiros do último capítulo (Andrade, 1976b, cap. 134).

Seguem três páginas de roteiro, alternando o discurso do padre, os rostos em *close* dos moradores, e imagens de crianças, algumas correndo, outras representando situações da lembrança dos personagens.

O discurso do padre é uma passagem literal do Evangelho de João, capítulo 11, que descreve cenas de Jesus na aldeia de Betânia, onde estava o doente Lázaro, irmão de suas seguidoras Marta e Maria. O texto bíblico descreve cenas estranhas. Jesus ficou dois dias acompanhando o enfermo na aldeia, depois decidiu partir para a Judeia. Na Judeia, sentiu que Lázaro havia morrido, e anunciou aos discípulos que voltaria para despertá-lo do sono. Chegando novamente na aldeia, é recebido por Marta, que tem com ele o diálogo citado no roteiro. Marta chama sua irmã Maria, e as duas levam Jesus à sepultura de Lázaro, morto há quatro dias. É uma caverna coberta de pedras. Jesus manda tirar as pedras, e ordena que Lázaro saia. O defunto aparece com rosto, mãos e pés enrolados em faixas.

A passagem bíblica recitada pelo padre, no roteiro, é esta:

> Naquele tempo, Marta disse a Jesus: Senhor, se estivesses aqui, meu irmão não estaria morto! E, no entanto, eu sei, tudo que pedires a Deus, Deus te concederá! Jesus lhe disse: Teu irmão ressuscitará! Marta lhe disse: Eu sei que ele ressuscitará na ressurreição do último dia. Jesus lhe disse: Eu sou a ressurreição e a vida. Aquele que crê em mim, mesmo se houver morrido viverá. E todo aquele que vive e crê em mim, não morrerá para sempre. Crês nisto? Marta respondeu: Sim, ó Senhor, eu creio que tu és o Messias, o Filho de Deus vivo, aquele que deve vir a este mundo (Andrade, 1976b, cap. 134).

O trecho é citado nessa ordem, exatamente, dividido por seis falas ao longo de três páginas.

O discurso do padre se encerra, ao fim da cena, com uma passagem do capítulo 12 do Evangelho de João: "Chegou a hora em que o Filho do homem deve ser glorificado. Em verdade, em verdade, eu vos digo: se o grão de trigo não cai na terra e não morre, ele fica sozinho; mas, se morre, produzirá muito fruto". Tais frases vêm de um discurso de Jesus ao chegar a Jerusalém, acompanhado de Lázaro ressuscitado. A multidão vem encontrá-lo, tendo ouvido sobre o milagre. Entre as pessoas há alguns gregos, e Jesus comenta, ao ouvir a notícia de sua presença: "Chegou a hora em que o Filho do homem deve ser glorificado."

Mesmo sem conhecimento de estudos bíblicos, a interpretação dessa passagem sugere que Jesus entende o efeito da ressurreição de Lázaro nas pessoas: é por isso que a multidão se aproxima, para ver o homem milagroso que faz reviver os mortos. A partir dessa constatação, Jesus sugere que é preciso sacrificar a vida terrena, pois o sacrifício atrai seguidores (ouvinte, público): "Quem ama sua vida perdê-la-á, e quem neste mundo odeia a sua vida, guardá-la-á para a vida eterna"[6].

Jesus, como Jorge Andrade, entende que a multidão gosta de sangue. Numa estratégia engenhosa, ele oferece o próprio sangue (oferece-se aos carrascos, provoca a própria morte) para chamar atenção à sua mensagem espiritual.

Jorge Andrade resgata com solenidade esse mito cristão, para celebrar o fim de sua novela. Também são trechos da bíblia relacionados a temas recorrentes em sua obra: uma cena de cadáver, e um voto de sacrifício.

Como já observado, o tema do cadáver insepulto aparece pela primeira vez em *Pedreira das Almas*. A peça foi escrita em 1957, em data posterior à morte do pai do dramaturgo. Em *Labirinto*, há uma descrição desse velório, uma noite de vigília sobre a qual ele diz: "Não vi nem ouvi ninguém". O autor relaciona, em seu romance, a morte do pai à aproximação de Helena, sua esposa. Nesse momento ele conheceria o pai dela:

> – Meus pêsames. Sou o Tavico de Almeida Prado. Sinto conhecer você em um momento como este.
>
> Era o pai de Helena, que seria minha mulher. Iniciava ali o grande diálogo: a mulher e os filhos! Da morte iria brotar a vida, o transcendente" (Andrade, 1978: 166).

6. Disponível em: www.bibliaonline.com.br; acesso em: 31 jan. 2012.

O mito cristão de morte e ressurreição é, no romance, ligado à vida familiar, fundamento da atividade artística. Com a morte do pai, seu sogro será em seguida inspiração de outras peças (*Os Ossos do Barão, A Escada, O Sumidouro*).

Há algo de melodramático no romance. Em *O Grito*, a metáfora do grão de trigo é apresentada em tons mais graves.

O discurso do padre é intercalado pelas imagens de crianças, que são ao mesmo tempo lembranças e fantasmas. Depois das memórias de cada personagem aparecerem individualmente, a cena é invadida por "uma infinidade de crianças em volta da capela do crematório". "Ouvem-se gritos, risos, falas infantis". Surgem vozes em *over*, com ordens ou repreensões dos adultos que marcaram os personagens quando crianças: "Larga deste cavalo!", "É neste orfanato que você vai crescer!", "Deixa de futrica!", "Este menino vive pelos cantos!"

Enquanto o padre faz seu discurso, essas vozes invadem os personagens. É o projeto de Marta realizado: na morte de seu filho, cada morador do edifício finalmente ouviu seus próprios gritos. São os gritos de opressão familiar, sofrimentos de origem que deixaram as marcas no comportamento negativo de cada adulto.

Na cremação do menino, todos os moradores estão reunidos, lado a lado. Lembrando-se de sua própria história, ao mesmo tempo juntos e isolados, diante de uma cena de horror e piedade.

Foi essa a cena que Marta armou. Roubando o interceptador, ela chamou para si a atenção dos outros. Escrevendo cartas anônimas, ela incitou o conflito. Expondo o filho, ela os reuniu silenciosos em torno de sua morte.

Para ela, só esse encontro pode atribuir sentido à sua longa trajetória sem descanso: "Vivi em todos os bairros da cidade... e sempre acabavam me expulsando. Andei de prédio para prédio... carregando meu filho! Deste eu não posso sair... porque nele meu filho vai morrer!" Ela se defende, ao confessar o roubo do interceptador: "Não invadi a intimidade de ninguém. Só quis que ouvissem seus próprios gritos... para aceitarem os do meu filho! Se aceitarem... meu filho ficará um pouco em cada um... quando partir deste mundo!"

Mas esse não é o próprio Jorge Andrade, defendendo sua novela da acusação alheia?

Não obstante os protestos, acha que ainda não disse nem a terça parte do que deveria, que está sendo muito condescendente. Sua vontade seria acusar os erros da sua cidade até o fim, como uma chapa radiográfica mostra as crateras num pulmão doente. Sua missão, ele acha, é exatamente essa, apontar os erros para que sejam corrigidos pelos responsáveis. [...]

Depois fica irritado outra vez. Levanta-se e mostra uma pasta de onde tira uns recortes de jornais com trechos sublinhados. "Eu não invento os problemas que mostro. Está tudo nos jornais (dois) que eu leio todo dia. Só não vê isso quem não quer" (Penteado, 1975).

Como já mencionado, em memória resistente, ainda em 1978 o autor acusaria as vozes reacionárias na cidade de São Paulo, que teriam feito uma campanha sistemática contra a novela: "De repente apareceu um paulistanismo de última hora, doentio, parecia que estávamos na revolução de 32, de tanto que me xingavam" (Amâncio; Pucci, 1978).

Nas cenas finais de *O Grito*, as cinzas da criança são espalhadas sobre São Paulo como uma semente. A novela termina logo após a cremação do menino. Gilberto, o arquiteto intelectual, aparece sozinho em seu apartamento. Ele caminha pensativo até a janela e observa a paisagem. São imagens de São Paulo: prédios, viadutos e fumaça, numa sequência de planos aéreos em movimento, sob tensos acordes musicais. É a mesma cidade mostrada nos capítulos iniciais, quando o grito é ouvido pela primeira vez. Jorge Andrade a descreve assim no roteiro, no capítulo 5:

19 – A CIDADE ADORMECIDA – NOITE – EXT

Numa sequência de takes em fusão, aparece a cidade adormecida. Ruas escuras e vazias, prédios sem nenhuma janela iluminada. Vemos caminhões de lixo recolhendo latas nas ruas; uma mangueira esguichando água, ligada a um ca-

minhão, passa lavando o asfalto. Mendigos, cobertos por jornais ou trapos, dormem em calçadas, embaixo de viadutos. A câmara focaliza a forma estranha do Minhocão, indo parar diante do Edifício Paraíso. Oswaldo [o faxineiro] dorme debruçado sobre a mesa. Outra sequência de takes mostra corredores, saguões, livings, tudo adormecido.

DE REPENTE, OUVE-SE UM GRITO TERRÍVEL, APAVORANTE, INUMANO (Andrade, 1976a, cap. 5).

Uma cidade escura, de lixo, asfalto, viadutos e mendigos. No capítulo final, depois de encerrada a trajetória do menino doente, a cidade continua ali. E ressurgem sobre ela os gritos já ouvidos tantas vezes, apavorantes e inumanos. No vídeo, os gritos se prolongam por trinta e cinco segundos até que, sobreposta à ultima imagem (o lago do parque Ibirapuera), surge a mensagem bíblica: "E a semente vai germinar, brotar, crescer, florescer e dará frutos".

O estranho retrato da vida urbana criado por Jorge Andrade é ácido. Sua temporalidade complexa é diegeticamente acelerada (muitos eventos acontecem em pouco tempo diegético), e narrativamente lenta (o tempo diegético é expandido, e a trama evolui com lentidão). É a tradução dramática de uma sociedade em rápida transformação, mas de difícil interpretação.

A última cena da novela mostra o intelectual Gilberto pasmo diante da janela, observando a cidade que não consegue compreender. O movimento violento das últimas imagens é horrível e inquietante.

Jorge Andrade, com clareza e alguma raiva, sugere uma amarga ironia nas imagens finais da novela, em relação aos espectadores que não quiseram ouvir seu grito.

Conclusão

* * *

Para concluir esta tese, gostaria de retomar algumas ideias gerais sobre telenovela, desenvolvidas no segundo capítulo, "A TV e a Telenovela na Década de 1970". Depois da leitura atenta de *O Grito*, é importante relembrar o quanto a obra se distanciava da média das telenovelas dos anos 1970.

Retomo algumas informações de contexto, para destacar que certos aspectos de estilo, na telenovela brasileira, ainda não estavam absorvidos e sedimentados no início daquela década. Era um gênero que se afirmava com novidades, uma nova moda, algo "moderno" que a tecnologia trazia, prometendo novas possibilidades.

INÍCIO DOS ANOS 1970

Em 1969, uma reportagem na revista *Veja* comentava que "o brasileiro começa a consumir as telenovelas em doses cavalares". Há um sentido de novidade: é uma reportagem de capa. A capa do periódico traz o rosto do ator Luiz Gustavo, com expressão entre irônica e entediada, em meio a fotos em branco e preto com cenas de outros programas televisivos. A face do ator rompe essas imagens como se furasse o papel. Em sua maioria, as fotos invadidas mostram novelas no estilo dramalhão: pessoas que sofrem, expressões solenes, um bebê ansiosamente abraçado, alguém coberto num leito. A chamada instiga: "Beto Rockfeller, o herói sem caráter. Algo de novo nos vídeos?"

No texto da reportagem, consta:

> Na semana passada, todos os dias, 9 milhões de brasileiros receberam de 43 emissoras pelo menos uma das 24 novelas que caem sobre o País juntamente com as trevas da noite. Das 18h30 às 22 h, 80% dos 3 500 000 aparelhos de tevê do País puxam para dentro das casas desfiles de personagens tão variados e ricos em roupagens e cenários quanto monótonos e esquemáticos em suas relações ("Os Filhos...", 1969: 27).

A matéria se refere a grandes números: nove milhões de espectadores (cerca de 10% da população, segundo o censo demográfico do IBGE de 1970), 24 novelas diariamente no ar, 80% dos aparelhos do país sintonizados em tal programação. Também comenta certa pobreza criativa: os personagens são "ricos em roupagens e cenários", entretanto "monótonos e esquemáticos em suas relações".

Entre as informações objetivas e os depoimentos de profissionais mencionados na reportagem, há um julgamento. Os entretítulos traduzem o teor do texto. Primeiro, "Beto, o Novo Herói"; depois "O Que Mudou?", "Crise ou Plano?", "O Treco", "Mudar ou Não" e, finalmente, "Quem Educa o Povo?" Apresenta-se a novidade, sugere-se certa precariedade no planejamento estratégico das emissoras e cobra-se maior seriedade cultural, para "educar o povo". A televisão é vista como um encanto perigoso para a enorme população de baixa renda e com pouco acesso à educação formal. Recrimina-se a possibilidade de ganhar dinheiro mediante a oferta, a esse povo, de entretenimento apenas, questionando-se os valores culturais embutidos em tal programação.

Ao comentar o sucesso da novela *Beto Rockfeller*, que traria novidades em relação ao monótono padrão anterior, a reportagem de *Veja* assume uma postura de desconfiança, descrevendo com distanciamento o

O GRITO DE JORGE ANDRADE

personagem: "Ao lado de alguns momentos de lirismo e bondade, Beto persegue infatigavelmente a vida fácil dos burgueses enfastiados. Mente, trai, ilude a todos, ilude-se, foge ao trabalho, combate todas as vilanias miúdas do cotidiano" ("Os Filhos...", 1969: 28).

Na lógica de articulação do texto, despreza-se a "padronização" anterior, e desconfia-se das novidades. A reportagem assume uma postura de orgulho do homem letrado, e distancia-se dos profissionais de TV entrevistados.

Lima Duarte, diretor da novela, descreve Beto com solidariedade: "Enfim, é um homem; um homem possível" ("Os Filhos...", 1969: 28). A revista desconfia de tal "homem possível", embora o considere melhor que a média das outras telenovelas. O escolhido para a comparação é *Antonio Maria*[1], descrito como "o maior sucesso em telenovela desde *O Direito de Nascer*": um "exótico milionário lusitano" envolvido em "conspirações mesquinhas e padronizadas" ("Os Filhos...", 1969: 28).

Há uma inveja embutida no discurso, a que o autor Benedito Rui Barbosa responde, defendendo as novelas como são.

> O que os críticos queriam? Que a Colgate investisse 1 bilhão (velhos) [...] procurando apenas criar um programa de educação do gosto popular? Isso é problema da educação nacional, não nosso. Deve ser empurrado para as costas do Governo, não da novela ("Os Filhos...", 1969: 30).

A reportagem comenta tal depoimento, aceitando que "é difícil imaginar os heróis da telenovela carregando nos ombros o peso da educação brasileira", mas logo insiste que "também não se pode deixar que eles [a

---

1. A novela *Antonio Maria*, escrita por Geraldo Vietri e Walter Negrão, foi exibida pela TV Tupi entre julho de 1968 e abril de 1969. Segundo Fernandes (1997, p. 109), a obra "trouxe uma série de inovações de estilo" e "foi um sucesso de público e crítica". A partir das informações apresentadas em sua biografia, Vietri parece ter sido um dramaturgo original e corajoso, não um antípoda antiquado de Bráulio Pedroso, como sugere a reportagem. Teve longa carreira na TV Tupi, era admirador do neorrealismo italiano e lutou pela produção de textos originais na televisão brasileira, desde o final da década de 1950 (Ledesma, 2010).

televisão, os produtores de telenovela] se tornem completamente irresponsáveis" ("Os Filhos...", 1969: 30).

Com o crescimento de popularidade dos programas televisivos (basicamente de entretenimento), a imprensa escrita abria espaço para as novidades da TV. Nos jornais diários da época, nota-se a diferença entre críticas "sérias", que buscam avaliar os programas televisivos como manifestações culturais e sociais, e reportagens para fãs, que destacam aspectos positivos de beleza, humor e sucesso.

Assim, quando *Veja* levanta a bandeira da educação, ocorre o jogo duplo de abordar um assunto de apelo popular, sem abandonar o orgulho de ser bem-educado, de estar acima da plebe rude. Respondendo a uma demanda de confirmação de *status*, a revista indica a seus leitores um caminho para avaliar certos programas televisivos.

Anúncios e programas televisivos mostravam um mundo de luxo possível (porque visível) no contexto brasileiro. Os bens de consumo eram caros demais para grande parte da população, mas sua exibição na TV transformava o distante em objeto de desejo, criando o sentimento de consumo como inclusão social.

A revista *Veja* evoca a defesa do "bom gosto" em sua crítica da telenovela, mas traz nos anúncios o mesmo espírito publicitário que orienta a produção televisiva. Uma criatividade publicitária brasileira, que elege alguns ícones simpáticos do país, associando-os aos produtos, para torná--los mais familiares e agradáveis.

Vejamos um anúncio na mesma edição de *Veja* dedicada a *Beto Rockfeller*, à página 31, intitulado "Alice no país dos automóveis". Na foto, a rua de uma cidade norte-americana, repleta de carros grandes, entre os quais um pequeno fusca. O texto comenta que, "em 1950", o fusca chegara ao "país dos automóveis" (EUA), e "todo mundo riu". O veículo "não tinha despesas supérfluas", pois "sua mecânica era bem mais simples do que a dos carros grandes e luxuosos". Logo, dois milhões de "carros estrangeiros" rodavam "no país dos automóveis". O anúncio não é assinado e talvez seja uma adaptação de original estrangeiro. Um anúncio televisivo da Volkswagen do mesmo período – acessado no site YouTube – mostra presença mais forte de temas brasileiros. Uma bola de futebol é chutada por várias pessoas, de um campo de futebol a uma rua, uma casa e um escritório, até que o gol é marcado no bagageiro frontal de um Fusca. O narrador diz: "Onde há uma bola, há um brasileiro. Onde há um brasileiro, há um fusca"[2].

Que história encantadora para os leitores brasileiros! Se até os norte-americanos compravam fuscas, por que não compraríamos? Por que deveríamos nos envergonhar num complexo de "patinho feio" (outra fábula mencionada no texto do anúncio em *Veja*)? O carro da Volkswagen era "mais simpático" e podia "carinhosamente" ser chamado de "beetle". Se temos dinheiro para comprar um fusca, que o façamos com orgulho e simpatia.

O anúncio propõe um encantamento de fábula para quem tem poucos recursos. Se você pode comprar um fusca – nacional –, invente um conto de fadas para torná-lo mais admirável. A precariedade é apenas uma etapa a ser ultrapassada em busca do sonho de beleza e conforto, e a televisão terá um papel didático na apresentação desse mercado de consumo.

Na reportagem sobre as telenovelas, entretanto – quando a revista assume seu papel de orientadora da opinião pública – não se trata o precário com a mesma simpatia. Ele é nomeado e recriminado. A reportagem rejeita o estilo da novela *O Direito de Nascer*, qualificando de ingênuo o autor, que a define como "simples, como la alma simples del pueblo". Já para *Veja* a novela era "simples e direta como um dramalhão de circo" ("Os Filhos...", 1969: 27). Sobram ironias também para *Beto Rockfeller*, que "persegue infatigavelmente a vida fácil dos burgueses enfastiados" ("Os Filhos...", 1969: 28).

Os profissionais que trabalham na Tupi, e depois seguirão para a Globo, não têm a ironia arrogante dos editores de *Veja*. Como os publicitários, eles projetam o desejo de melhorar, sem reprimir o feio, apenas atenuando, rindo, maquiando. Eles também são pobres que querem crescer e brilhar.

---

2. Disponível em: <http://www.youtube.com/watch?v=2CGWcP1ahQI>; acesso em 25 jan. 2012.

A reportagem menciona os novos salários da televisão, dizendo que "os artistas de teatro assistem a todos os capítulos da novela, sonhando com um futuro melhor, onde possam combinar os salários mais altos da tevê a textos mais dignos, próximos do teatro" ("Os Filhos...", 1969: 28).

A matéria especula sobre a inflação dos salários, na passagem dos atores do teatro à TV. Segundo o texto, um primeiro ator de teatro ganharia no máximo "3 500 cruzeiros novos" mensais. Na novela *Antonio Maria*, o ator Sérgio Cardoso recebia NCr$ 15 mil por mês (quatro vezes mais). E, além disso, apresentando-se em shows como "o luso-milionário-chofer", ganhou mais de "400 milhões velhos" (cem salários mensais de teatro). Recentemente contratado pela TV Globo, em caráter de exclusividade, Cardoso ganharia "em torno de 30 milhões mensais" (quase nove vezes mais que no teatro)[3].

Bráulio Pedroso, o autor de *Beto Rockfeller*, receberia NCr$ 8 mil mensais na TV Tupi para escrever a novela ("Os Filhos...", 1969: 29)[4]. A reportagem indica que alguns "intelectuais se vão chegando à telenovela" pela "atração dos salários", e "sonham desencaminhar os heróis", tirando-os "das trilhas conhecidas". Mas outros intelectuais "querem que os heróis continuem com sua vidinha modesta, dentro das leis e da ordem". Entre eles está Nelson Rodrigues, que se diz "satisfeito" e fica "exultante com o mau gosto". Segundo ele, a telenovela seria "feita à nossa imagem e semelhança e, portanto, tem que ter o nosso mau gosto". Prefere, "com toda pureza de alma", uma "televisão analfabeta" ("Os Filhos...", 1969: 29). E, nesse aspecto, está de acordo com Oduvaldo Viana Filho, qualificado pela reportagem como "velho militante dos agressivos teatros universitários da época de João Goulart". Vianinha também aceita "os príncipes, as cortes, os elementos de contos de fada que agora estão meio condenados", pois eles "fazem realmente parte de nosso mau gosto popular" ("Os Filhos...", 1969: 29).

---

3. O preço da revista *Veja*, como consta na capa, era "NCr$ 1,50". Sérgio Cardoso ganharia na Globo, então, o equivalente mensal a 20 mil revistas. Caso as proporções continuassem as mesmas, seria um salário mensal hoje equivalente a R$ 200 mil.

4. Como a novela foi esticada por um ano, Bráulio abandonou o projeto no meio.

Esse embaralhamento ideológico, uma característica das novas telenovelas – um espírito empreendedor que ignora a oposição entre direita e esquerda, valorizando tudo que possa se tornar espetáculo – é percebido pela *Veja*, que relata a inclusão de intelectuais na televisão desde que não sejam "denodados" ou "quixotescos", mas aceitem ser "guiados pelas mãos experientes dos que conhecem há muito tempo as engrenagens da fábrica de sonhos" ("Os Filhos...", 1969: 29). Ao equacionar o problema dessa maneira, a revista parece embutir nas entrelinhas uma recriminação aos profissionais de outras áreas que foram trabalhar na televisão.

Novamente Jorge Andrade

Conhecendo o texto de *O Grito*, percebe-se facilmente como a novela feria as expectativas de quem via a TV como uma nova caixa mágica, que trazia a esperança de uma vida melhor e mais brilhante. A modernidade urbana – carros, supermercados, edifícios – é retratada com tormento e angústia. O automóvel gera congestionamento e poluição, os supermercados têm filas e pouca gente para atender, a vida urbana confina as pessoas em solidão e desamparo.

Entretanto, a ânsia por entretenimento e boas novas não era a única disposição possível no vasto público. Essa é uma descrição generalizada, uma média de comportamento em que a emissora se baseava para seu planejamento de negócios. Olhando em detalhe, havia pessoas e interesses diferentes.

Às vezes, durante o desenvolvimento dessa pesquisa, comentei com amigos e conhecidos sobre a novela *O Grito*, buscando opiniões de quem a tivesse assistido na época. Não foi uma busca sistemática, mas gostaria de mencionar algumas dessas reações.

Cláudia Vasconcellos, dramaturga, e Hélio Guimarães, professor do Departamento de Letras Clássicas da FFLCH-USP, assistiram partes da novela quando crianças. Eles comentaram, em depoimentos à autora no primeiro semestre de 2008, que era "estranha" e "dava medo".

Em palestra que realizei na Universidade Mackenzie, em 2010, uma ouvinte (de quem, infelizmente, não gravei o nome), narrou um momento de emoção de sua mãe, que chorou ao assistir a novela. Ela era criança e se lembra da mãe chorando diante da TV, mostrando Glória Menezes vestida de freira. Imagino que tenha sido a cena do último capítulo, em que a atriz veste o hábito depois da morte do filho.

Procurando localizar essa ouvinte, encontrei outro depoimento interessante, enviado a mim por correio eletrônico:

> Nasci em SP, cidade onde vivi até meus 12 anos, quando meus pais se separaram. Viemos então para o Rio, morar com meus avós, que viviam num elegante edifício da Av. Ruy Barbosa, no Flamengo [...] Muita gente de "nariz em pé" olhava atravessado prá minha mãe, uma linda mulher "desquitada"! Eu estranhei muito aquele ambiente de pessoas perfumadas e colares de pérolas que já pela manhã estavam com o cabelo armado e impecavelmente vestidas. [...]
>
> Eu tinha 15 anos quando *O Grito* foi ao ar. Uma história que me pegou desde o início e que eu via sozinha, já que era um tipo de novela muito diferente das novelas de outros horários que minha família acompanhava apaixonadamente. Foi a primeira novela que me fez refletir. O quanto os moradores daquele prédio transferiam para o grito do menino todas as suas atenções, desviando assim o foco de seus próprios problemas. Uma novela que tratava sobre o preconceito, a vida de aparências, a intolerância em relação às pessoas fora do padrão.
>
> Logo me identifiquei. Além disso, a novela me fez imaginar as histórias que poderiam existir em cada apartamento do meu prédio. Que tipo de carência estaria por trás daquele casal que tratava seu cãozinho como gente e contratava palhaços para sua festa de aniversário? Por que tanta insegurança na relação daquele casal, cuja mulher fazia cara feia pra minha mãe a quem o marido bonitão cumprimentava sorridente? (Gisele Badenes, mensagem eletrônica enviada à autora em 16 fev. 2011)

Num artigo acadêmico sobre "O Silêncio da Televisão", encontrei a memória pessoal de uma pesquisadora sobre *O Grito*:

Eram novelas duras. *O Grito* falava de uma cidade que se decompõe, de uma sociabilidade que se decompõe. Da novela, eu me recordo que meus pais desligavam a TV mudos. O que essa novela falava para eles? Penso que algo solene, profundo, algo sobre o país, talvez, sobre o casamento, quem sabe? Algo que as pessoas não queriam ouvir, com certeza, novela estilo remédio amargo (Pait, 2003).

Para além das estratégias comerciais das emissoras – que lidam com números grandiosos –, é importante valorizar as percepções individuais, a marca que uma obra pode deixar na vida de alguém. São sensibilidades privadas que não se medem numericamente, mas mostram um registro emocional, quando a obra se insere na vida do espectador em momento de reflexão e aprendizagem.

Jorge Andrade confiava nessa possibilidade, e não perdeu o entusiasmo pelo trabalho em televisão. Em entrevista de 1978, ele se declara seguro da qualidade de seu trabalho, e reafirma seu interesse pelo veículo: "Eu disse tudo o que eu queria dizer e nenhum autor até hoje falou na televisão o que eu disse no *Grito*. [...] Acho a televisão o veículo de comunicação mais importante da era moderna" (Amâncio; Pucci, 1978: 39).

As dificuldades de recepção de *O Grito* mostram que, apesar do empenho, o meio televisivo (incluindo produtores e espectadores) não é um lugar fácil para artistas como Jorge Andrade. A pressão por resultados é agressiva.

Mas a qualidade de *O Grito* não está em sua facilidade de comunicação. Ao contrário: está no diagnóstico complexo que oferece, a respeito das questões que procurou apresentar. Um trabalho introspectivo e elaborado, contrário ao habitual do meio para o qual foi escrito, em que o autor recorre ao motivo do grito (expressão de sofrimento não racionalizado, desagradável) como alegoria para distinguir os gritos importantes (humanos, emocionais) dos outros ruídos que apenas incomodam, sem possibilitar a reflexão e o amadurecimento.

Se a arte, para Jorge Andrade, é o processo doloroso de reconhecer, entende-se então sua angústia pessoal pela falta de reconhecimento. Se ele, como artista, dedicou-se ao trabalho árduo de conhecer os outros, a falta de reconhecimento dos outros (do público) o atingiu como ingratidão, porque seu esforço não foi recíproco.

Não encontrei comentários sobre a novela vindos dos críticos de teatro admirados por Jorge Andrade. A única referência de Sábato Magaldi, em artigo de 1984 (ano da morte do dramaturgo), menciona a TV como obstáculo, o preço do próprio sustento: "Pena que o jornalismo, em certo momento o serviço público e depois a televisão, necessários à sobrevivência financeira, tenham impedido que Jorge Andrade levasse a termo todas as ideias teatrais que lhe passaram pela cabeça" (Magaldi, 1998: 56).

Com os argumentos apresentados nesta tese, espero ter demonstrado que *O Grito* não é um "impedimento" na carreira de Jorge Andrade, mas o prosseguimento de seu trabalho.

Em minha admiração pela obra, gostaria de mencionar alguns recursos estilísticos que mereceriam atenção em pesquisas futuras (aos quais não me dediquei por estar limitada ao prazo de conclusão desta tese).

Os diálogos de Jorge Andrade são compostos com muita precisão e inteligência, utilizando diversos recursos linguísticos. Entre diversas passagens notáveis, sugiro como exemplo as falas da personagem Kátia, em seu projeto de sedução de Agenor, que leva seu amigo Orlando a qualificá-la como "samaritana sexual".

KÁTIA – Existem homens, mulheres, homossexuais e lésbicas! Não posso crer que alguém não seja nada, não tenha feito uma opção.
ORLANDO – Pois há!
KÁTIA – Quero ver para crer! Depois, sou assim. Tenho muita pena dos que sofrem. E deve ser um sofrimento horrível viver tão só, tendo a solidão como única companheira!
(Andrade, 1976a: capítulo 58)

A mesma personagem declara, sobre a mesma situação, em outro capítulo: "É realmente fantástico o que se pode fazer neste mundo com um busto aerodinâmico!" (Andrade, 1976a, capítulo 99).

As falas têm marcas de oralidade ("depois, sou assim"), mas mantêm um respeito à normal culta. Quanto ao vocabulário, há uma a alternância entre expressões antiquadas e modernas. Por exemplo, "realmente fantástico" e "busto aerodinâmico" se misturam a "não posso crer" e "solidão como única companheira". Um estudo sobre as variações históricas e estilísticas no texto de Jorge Andrade pode mostrar aspectos interessantes. Há tantas perguntas possíveis: "fantástico" era uma expressão de moda na época, já que foi escolhida para nomear o programa dominical *Fantástico*, estreado em 1973? Existe, nos estudos sobre a obra do dramaturgo, alguma referência às expressões inventivas e inusitadas, com toque de humor, como a excelente "samaritana sexual"?

Numa análise atenta, tais características formais poderiam ser estudadas detalhadamente, em busca de interpretações. Uma hipótese: um tema constante na obra teatral de Jorge Andrade é a tensão entre o mundo das grandes fazendas (anterior à crise de 1929) e o novo capitalismo financeiro. O tema se repete em *O Grito*. Não poderíamos interpretar que tal tensão se manifesta nas variações linguísticas de seus diálogos?

Além disso, acredito que também mereçam atenção as obras televisivas que Jorge Andrade escreveu posteriormente a *O Grito*. A partir de informações iniciais sobre *Gaivotas* (TV Tupi, maio a outubro de 1979) e *Ninho da Serpente* (Bandeirantes, abril a agosto de 1982), percebo que ambas oferecem ricas possibilidades de estudo.

Esta é a sinopse de *Gaivotas*, segundo o livro *Memória da Telenovela Brasileira*:

> Daniel [...] reúne seus amigos de colégio trinta anos depois. Seu intuito é desvendar os mistérios que envolveram tragicamente a formatura de 1949, onde ele saíra como principal suspeito e portanto fora humilhado pelos colegas de classe. Trinta anos depois, como estarão eles? Maria Emília [...] continua altiva, mesmo com a derrocada de sua família. Ângela [...], sempre meiga, continua solteira e sonhando com um velho colega do externato, hoje transformado em frei Alberto [...] (Fernandes, 1997: 230).

Segundo Fernandes, o personagem Daniel é "um homem de mentalidade aberta, antigo menino pobre que estudou de graça num externato para ricos e, mais tarde, torna-se um dos maiores milionários do Estado" (Fernandes, 1997: 230).

Uma matéria do jornal *O Estado de S. Paulo* traz informações sobre a novela:

> Essa gaivota que voa para o alto existe e mora em São Bernardo, disse Jorge Andrade. Seu nome na novela é Daniel, um industrial paulista muito rico, de repente, resolve convidar seus antigos colegas de turma para uma temporada juntos numa fazenda. Por que ele os convidou? Para quê? A história evolui em torno desse mistério e das onze "gaivotas" principais, fora as outras que vivem em torno deles, vivendo situações diversificadas – em que podem entrar o amor, o ódio, a disputa, os problemas de uma vida em comunidade – todas, porém, relacionadas a uma intriga central.
>
> O modelo de Daniel, disse Jorge Andrade, é um riquíssimo industrial de São Bernardo, "o segundo faturamento da região, depois da Volks", que impressionou o escritor, depois de uma reportagem sobre ele na revista *Isto é*. "Trata-se de um grande liberal, um liberal aberto e socialista que se tornou multimilionário no capitalismo". Daniel será vivido pelo ator Rubens de Falco. *As Gaivotas* terá direção de Antonio Abujamra e reúne, além de Rubens de Falco, os atores Paulo Goulart, Isabel Ribeiro, Cleide Yaconis, Ioná Magalhães, Altair Lima e Márcia Real, entre outros (Jorge Andrade Volta..., 1979).

Quanto a *Ninho da Serpente*, o livro de Ismael Fernandes apresenta este resumo:

> Os conflitos da família Taques Penteado, instalada numa mansão na região dos jardins em São Paulo, comandada por Guilhermina [...]. O desaparecimento do patriarca cria um clima de mistério, e o jogo de interesses entre os herdeiros desencadeia os conflitos. Principalmente quando se descobre que Mateu [...], um simples enfermeiro, é um dos principais privilegiados com a fortuna (Fernandes, 1997: 261).

Fernandes escreve que "mesmo partindo de uma história já conhecida [...], essa novela conseguiu cativar pela dignidade com que foi concebida". Ele comenta que a ação da novela "quase que se restringia exclusivamente à mansão dos Taques Penteado" e que, "através dos personagens, retratavam-se tipos e hábitos de paulistas aristocratas e falidos" (Fernandes, 1997: 261).

A novela foi dirigida por Henrique Martins (que realizou excelentes novelas fora da TV Globo), com supervisão de Antônio Abujamra. Em depoimento à autora em março de 2009, a atriz Imara Reis, que participou do trabalho, mencionou a dificuldade de interpretar o texto de Jorge Andrade: suas frases eram difíceis, com palavras pouco coloquiais, e nem todo ator conseguia se adaptar.

Em vídeo adquirido de um colecionador particular, assisti a um capítulo de *Ninho da Serpente*. Fiquei admirada pelo tom solene e misterioso do texto, da direção e dos atores. É uma obra ao mesmo tempo diferente e próxima de *O Grito*. Os personagens vivem numa mansão, são ricos, em crise. O clima entre os herdeiros jovens – desocupados, decadentes ou problemáticos – lembra outras peças de Jorge Andrade, como *O Telescópio* e *A Escada*. Mas, de modo semelhante a *O Grito*, há um personagem externo à família (um jovem enfermeiro), que começa a manipular a todos com autoridade misteriosa, que lhe foi autorizada em testamento pelo patriarca, sem explicitar as razões.

Acredito que exista um caminho promissor para pesquisas futuras, se considerarmos a obra televisiva de Jorge Andrade como um prosseguimento de sua obra teatral. Do ponto de vista dos estudos de telenovela, isso significa aceitar que os roteiros de uma obra podem ter valor em si, como peça literária, independente dos bons ou maus resultados que tenham obtido em sua exibição.

Do ponto de vista dos estudos sobre Jorge Andrade, é importante ressaltar que seu trabalho continuou – com a mesma dedicação e seriedade – enquanto viveu. Já ouvi comentários, em conversas rápidas, sugerindo que ele tivesse terminado sua obra principal em 1970, sendo a coletânea *Marta, a Árvore e o Relógio* uma pedra de sepultura antecipada. Julgamento injusto.

Seus textos são ricos e vivos. A desconsideração eventual do trabalho de Jorge Andrade posterior a 1970 demonstra o desconhecimento do conjunto amplo de sua obra, e a necessidade de estudos com novas abordagens.

Referências Bibliográficas

* * *

ORIGINAIS

ANDRADE, Jorge. *O Grito*. Roteiro microfilmado. Acervo Centro de documentação da TV Globo. Rio de Janeiro, 1976a.

_____. *O Grito*. Roteiro original. Acervo Camila Franco. São Paulo, 1976b.

MUNIZ, Lauro César. *Escalada*. Roteiro original. Acervo Lauro César Muniz, 1975.

JORNAIS, REVISTAS E PERIÓDICOS

"'PAI HERÓI, ENGENHOSO' mas muito Janete". *Folha de S. Paulo*, 15 fev. 1979.

"A CORAGEM VENCE". *Veja*. São Paulo, 26 ago. 1970, p. 68.

"A EMOÇÃO do Verdadeiro Espetáculo". *Folha de S. Paulo*, 17 nov. 1975, p. 12.

"A GRANDE MANIA Nacional". *Veja*. São Paulo, 10 set. 1975, pp. 70-79. Disponível em: <http://veja.abril.com.br/idade/exclusivo/090703/capa_100975.html>. Acesso em: 6 fev. 2011.

"A NOVA IMAGEM da Globo". *Veja*. São Paulo, 8 jun. 1977, p. 111.

"A NOVELA NÃO é mais a Mesma". *Jornal do Brasil*. Rio de Janeiro, 19 nov. 1969.

ALMEIDA, Sérgio. "Lauro César Conta Como Foi Demitido". *Folha de S. Paulo*, 16 jan. 1980.

ALVES, Liane. C. A. "Ex-campeã". *Veja*. São Paulo, 20 set. 1978, p. 69.

AMÂNCIO, Moacir & PUCCI, Claudio. O Labirinto Jorge e os Outros. *Folha de S. Paulo*, 16 jun. 1978.

ANDRADE, Jorge. "O Grito". *Amiga TV*, Rio de Janeiro, 15 maio 1976c.

ANDRADE, Valério. "A Imposição do Sistema". *Jornal do Brasil*. Rio de Janeiro, 10 dez. 1973 (Banco de dados TV-Pesquisa, PUC-Rio. Documento 909).

"BANDEIRA 2 Termina". *Folha de S. Paulo*, 16 jul. 1972.

"BOA HISTÓRIA Vale Remake". *Jornal do Brasil*. Rio de Janeiro, 13 out. 1996 (Banco de dados TV-Pesquisa, PUC-Rio. Documento 33396).

BONES, Elmar. Os Trabalhos da Novela. *Veja*. São Paulo, 8 dez. 1971, pp. 74-75.

CAVERSAN, L. "Tragédia do Joelma Foi a Pior da Cidade". *Folha Online*. São Paulo, 7 out. 2003. Disponível em: <http://www.folha.com.br>. Acesso em: 26 fev. 2010.

CHRYSÓSTOMO, Antônio. "Poeira Dourada". *Veja*. São Paulo, 18 dez. 1974, pp. 89-90.

_____. "Uma Boa Surpresa". *Veja*. São Paulo, 10 dez. 1975.

DUTRA, Maria Helena. "Um Grito Absurdo". *Veja*. São Paulo, 12 nov. 1975.

_____. "A Epidemia das Telenovelas". *Jornal do Brasil*. Rio de Janeiro, 25 jul. 1977 (Banco de dados TV-Pesquisa, PUC-Rio).

_____. "Um Trabalho Muito Profissional". *Jornal do Brasil*. Rio de Janeiro, 2 fev. 1979 (Banco de dados TV-Pesquisa, PUC-Rio).

ECHEVERRIA, Regina. "Nesta Novela, Nenhuma Concessão ao Sonho". *Jornal da Tarde*. São Paulo, 21 nov. 1975.

FIGARO, Roseli. "Uma Linguagem Nova para a Telenovela". *Comunicação &Educação*. São Paulo, ano VI, n. 17, pp. 18-90, jan.-abr. 2000.

GOMES, Dias. "A Telenovela É a Última Trincheira (Depoimento a João Antônio, Hamilton Almeida Filho e Paulo Patarra)". *EX*, 1º set. 1975 (Banco de Dados TV--Pesquisa. Documento 1339).

HALFOUN, Eli. *Última Hora*. Rio de Janeiro, 21 nov. 1975a, caderno Revista, p. 2.

_____. "Jorge Andrade: 'O Grito Não é de São Paulo' ". Última Hora. Rio de Janeiro, 22 nov. 1975b, caderno Revista, p. 2.

"INTELIGÊNCIA, O Predicado Maior de *Dancin'Days*". *Folha de S. Paulo*. 1º ago. 1978.

LEITE, Paulo Moreira. "As Emoções da Noite". *Veja*. São Paulo, 20 set. 1978, pp. 68-70.

MAIA, P. "Um Rótulo Diferente para o Mesmo Produto". *Jornal do Brasil*. Rio de Janeiro, 4 abr. 1976 (Banco de dados TV-Pesquisa, PUC-Rio).

MARIA, I. "Gabriela: Sucesso Cravo e Canela". *Amiga TV*. Rio de Janeiro, 23 jul. 1975 (Banco de dados TV-Pesquisa, PUC-Rio, documento 1313).

MOISÉS, José Álvaro. "Quem São os 'Cafoni' d'*O Cafona?*" *Folha de S. Paulo*. 16 mai. 1971.

"Morre Jorge Andrade Fiel a Seus Princípios". *Folha da Tarde*. São Paulo, 14 mar. 1984.

NOVELA A Dois. *Veja*. São Paulo, 10 fev. 1971, pp. 58-59.

"OS DEFEITOS DO 'PAI' no Devido Lugar". *Folha de S. Paulo*. 28 jul. 1979.

"OS FILHOS do *Direito de Nascer*". *Veja*. São Paulo, 7 maio 1969, pp. 26-32.

"OSSOS NA TV". *Veja*. São Paulo, 10 out. 1973, pp. 125-126.

PENTEADO, Regina. "Jorge Andrade, Seu Grito e Consequências". *Folha de S. Paulo*. 27 nov. 1975, p. 52.

_____. "Ney Latorraca, Considerações Sobre a Fama". *Folha de S. Paulo*. 15 abr. 1976, p. 27.

"PLINIO MARCOS ou 'João Juca Jr.', o Anti-herói". *Folha de S. Paulo*. 14 jan. 1970, p. 15.

"QUEM DÁ o Grito. Anúncio Publicitário". *Jornal da Tarde*. São Paulo, 21 nov. 1975.

"QUEM SE HABILITA a Ser Autor de Novelas?" *O Globo*. Rio de Janeiro, 3 abr. 1977 (Banco de dados TV-Pesquisa, PUC-Rio).

"RETRATO Carioca". *Veja*. São Paulo, 2 set. 1970, p. 78.

SILVEIRA, Emilia. "A Indústria do Folhetim Animado". *Jornal do Brasil*. Rio de Janeiro, 30 jan. 1974 (Banco de dados TV-Pesquisa, PUC-Rio. Documento 1100).

SILVEIRA, Helena. "A Amada Tem Mil Faces Odiosamente Amada". *Folha de S. Paulo*. 22 nov. 1975a.

_____. "Acontecendo". *Folha de S. Paulo*. 13 dez. 1975b.

_____. "Acontecendo". *Folha de S. Paulo*. 17 jan. 1976a.

_____. "Assim É a Vida, Assim É o Vídeo". *Folha de S. Paulo*. 14 fev. 1976b.

_____. "Cartas na Mesa". *Folha de S. Paulo*. 21 nov. 1975c, p. 40.

_____. "Liberdade Prisioneira num Edifício Chamado Paraíso". *Folha de S. Paulo*. 27 mar. 1976c.

_____. "O Grito Estará em Nós?" *Folha de S. Paulo*. 6 nov. 1975e, p. 42.

_____. "O Óbvio, Principalmente". *Folha de S. Paulo*. 29 nov. 1975d, p. 36.

_____. "Os Personagens que Sumiram Sem um Grito". *Folha de S. Paulo*. 6 mar. 1976c, Caderno Ilustrada, p. 8.

TÁVOLA, Artur. "O Tamanho da TV Brasileira". *O Globo*. Rio de Janeiro, 25 nov. 1974 (Banco de dados TV-Pesquisa, PUC-Rio, Documento 1045).

_____. "Primeiras Impressões". *Amiga TV*. Rio de Janeiro, 16 nov. 1975a (Banco de dados TV-Pesquisa, PUC-Rio. Documento 1439).

_____. "Quanto Vale um Ponto no Ibope". *O Globo*. Rio de Janeiro, 19 abr. 1975b (Banco de dados TV-Pesquisa, PUC-Rio. Documento 1203).

_____. "*O Grito*, uma Novela Polêmica". *Amiga TV*. Rio de Janeiro, 28 abr. 1976 (Banco de dados TV-Pesquisa, PUC-Rio. Documento 1730).

_____. "Os Gigantes: Haverá um Estilo nos Autores de Telenovela?" *O Globo*. Rio de Janeiro, 9 set. 1979 (Banco de dados TV-Pesquisa, PUC-Rio, Documento 2658).

ZOROLDO, Angela & SALEM, Armando. "A TV Não Tem Culpa". *Veja*. São Paulo, 24 abr. 1974, pp. 3-6.

COLEÇÃO POLÍTICAS CULTURAIS

DEPOIMENTOS

BADENES, Gisele. Mensagem eletrônica enviada à autora, 16 fev. 2011

FIUZA, Silvia; SIQUEIRA, Carla & VIANNA, Adriana. Depoimento de José Bonifácio de Oliveira Sobrinho. *Projeto Memória Globo.* Rio de Janeiro, 5 mai. 2000. Disponível em: www.memoriaglobo.com.br. Acesso em: 26 abr. 2011.

TALMA, Roberto. Depoimento em vídeo transcrito do verbete "O Grito", do *site* www.memoriaglobo.com.br. Acesso em: 10 nov. 2011.

LIVROS E ARTIGOS ACADÊMICOS

ALENCAR, Mauro. *A Hollywood Brasileira.* Rio de Janeiro, Senac Rio, 2004.

ANDRADE, Jorge. *Labirinto.* Rio de Janeiro, Paz e Terra, 1978.

ANDRADE, Jorge. *Marta, a Árvore e o Relógio.* 2. ed. São Paulo, Perspectiva, 1986.

ANZUATEGUI, Sabina. "Homem Sensível e Mulher Liberal: Questões de Sexualidade na Telenovela *O Grito*, de Jorge Andrade". In: Jornada Acadêmica Discente – PPGMPA, ECA-USP, I, São Paulo, 2010. *Anais.* Disponível em: <www.pos.eca.usp.br>.

_____. "Telenovela Experimental da Década de 1970: o Horário das 22 h". XXXIII Congresso Brasileiro de Ciências da Comunicação. Caxias do Sul, 2010.

AZEVEDO, Elizabeth. "O Uso da Rubrica em Jorge Andrade". *Sala Preta* (online). São Paulo, Departamento de Artes Cênicas da Escola de Comunicações e Artes da Universidade de São Paulo (ECA-USP), n. 1, pp. 49-57, 2001a. Disponível em: <http://www.eca.usp.br/salapreta/PDF01/SP01_01_Ramos.pdf>. Acesso em: 10 jan. 2012.

_____. *Recursos Estilísticos na Dramaturgia de Jorge Andrade.* Escola de Comunicações e Artes da Universidade de São Paulo, 2001b. Tese de Doutoramento.

BARACHO, Maria Luiza. "Televisão Brasileira: Uma (Re)visão". *Fênix – Revista de História e Estudos Culturais*, vol. 4, ano IV, n. 2, abr. – jun. 2007.

BETTI, M. S. *Oduvaldo Vianna Filho.* São Paulo, Edusp, 2007.

BRITO, Ângela. *O Último Artesão:* Walter Avancini. Rio de Janeiro, Gryphus, 2005.

BROOKS, Peter. *The Melodramatic Imagination.* New Haven and London, Yale University Press, 1976.

CAMPEDELLI, S. Y. *A Telenovela.* São Paulo, Ática, 1985.

CARDOSO, Regis. *No Princípio Era o Som.* São Paulo, Madras, 1999.

CLARK, Walter & PRIOLLI, Gabriel. *O Campeão de Audiência: Uma Autobiografia.* São Paulo, Editora Nova Cultural, 1991.

COSTA, Iná Camargo. "Brecht no Cativeiro das Forças Produtivas". In: CEVASCO, Maria Elisa & OHATA, Milton (orgs.). *Um Crítico na Periferia do Capitalismo:*

Reflexões sobre a Obra de Roberto Schwarz. São Paulo, Companhia das Letras, 2007, pp. 187-199.

_____. *Sinta o Drama*. Petrópolis, Vozes, 1998.

DANIEL FILHO. *O Circo Eletrônico*. Rio de Janeiro, Jorge Zahar, 2001.

FERNANDES, Ismael. *Memória da Telenovela Brasileira*. 4. ed. São Paulo, Brasiliense, 1997.

GOMES, Dias. *Apenas um Subversivo*. Rio de Janeiro, Bertrand Brasil, 1998.

GUINSBURG, J. "Um Teatro em *Rastro Atrás*: Jorge Andrade". *Sala Preta: Revista de Artes Cênicas*. São Paulo, Departamento de Artes Cênicas da Escola de Comunicações e Artes da Universidade de São Paulo (ECA-USP), n. 2, pp. 119-122, 2002.

HAMBURGER, E.; STUCKER, A. & ALDAR, T. "A Construção Social da Audiência no Brasil: Uma TV que Nivelou por Cima". Artigo discutido no projeto temático "Formação do Campo Intelectual e da Indústria Cultural no Brasil Contemporâneo", coordenado por Sérgio Miceli. São Paulo, FFLCH-USP, 2010.

HAMBURGER, E. *O Brasil Antenado: A Sociedade da Novela*. Rio de Janeiro, Jorge Zahar, 2005.

HOLLANDA, H. B. *Impressões de Viagem: CPC, Vanguarda e Desbunde: 1960 / 1970*. 4ª ed. Rio de Janeiro, Aeroplano, 2004.

JAUSS, Hans Robert. *A História da Literatura como Provocação à Teoria Literária*. São Paulo, Ática, 1994.

KEHL, M. R. "Três Ensaios sobre a Telenovela". In: COSTA, A. H.; SIMÕES, I. F. & KEHL, M. R. *Um País no Ar*. São Paulo, Brasiliense, 1986. pp. 277-323.

KORNIS, M. A. *Cinema, Televisão e História*. Rio de Janeiro, Jorge Zahar, 2008.

LEBERT, Nilu. *Walter George Durst*. São Paulo, Imprensa Oficial do Estado de São Paulo, 2009.

LEDESMA, Vilmar. *Geraldo Vietri: Disciplina É Liberdade*. São Paulo, Imprensa Oficial, 2010.

MACHADO, A. "Pode-se Amar a Televisão? À Guisa de Prefácio". *A Televisão Levada a Sério*. São Paulo, Editora Senac, 2000, pp. 9-13.

MAGALDI, S. "Um Painel Histórico". *Moderna Dramaturgia Brasileira*. São Paulo, Perspectiva, 1998, pp. 43-56.

MACEDO, C., FALCÃO, A. & ALMEIDA, C. J. (orgs.). *TV ao Vivo – Depoimentos*. São Paulo, Brasiliense, 1988.

MEMÓRIA GLOBO. *Autores – Histórias de Teledramaturgia*. São Paulo, Globo, 2008.

MORAES, D. d. *Vianinha – Cúmplice da Paixão*. Rio de Janeiro, Record, 2000.

MOREIRA, R. "Vendo a Televisão a Partir do Cinema". In: BUCCI E. (org.), *A TV aos 50*. São Paulo, Fundação Perseu Abramo, 2000, pp. 49-64.

MULVEY, Laura & SEXTON, Jamie. *Experimental British Television*. Manchester University Press, 2007.

OLIVEIRA, Sirley. "As Confrarias: A Presença de Jorge Andrade nos Debates Políticos e Estéticos da Década de 1960". *Fênix: Revista de História e Estudos Culturais*, vol. 2, ano II, n. 4, out.-dez. 2005. Disponível em: <www.revistafenix.pro.br>. Acesso em: jul 2010.

OLIVEIRA SOBRINHO, José Bonifácio de. *O Livro do Boni*. Rio de Janeiro, Casa da Palavra, 2011.

ORTIZ, R. *A Moderna Tradição Brasileira*. São Paulo, Brasiliense, 1988.

ORTIZ, R.; BORELLI, S. H. & RAMOS, J. M. *Telenovela: História e Produção*. São Paulo, Brasiliense, 1988.

PAIT, Heloisa. "O Silêncio da Televisão: Desafios e Esperanças da Comunicação Mediada". In: ENCONTRO ALCAR – ASSOCIAÇÃO BRASILEIRA DE PESQUISADORES DA HISTÓRIA DA MÍDIA, 4, São Luís, Maranhão, junho 2006. *Anais...* Disponível em: <http://paginas.ufrgs.br/alcar/encontros-nacionais-1/40-encontro-2006-1>. Acesso em: fev. 2012.

PATRIOTA, R. *A Crítica de um Teatro Crítico*. São Paulo, Perspectiva, 2007.

_____. *Vianinha – Um Dramaturgo no Coração de seu Tempo*. São Paulo, Hucitec, 1999.

PAVIS, Patrice. *Dicionário de Teatro*. São Paulo, Perspectiva, 2008.

PONTES, Heloisa; MICELI, Sérgio. "Memória e Utopia na Cena Paulista". Texto escrito em conjunto com Sergio Miceli, apresentado na 3ª sessão do Simpósio "A Memorialística Brasileira" durante o 35º Encontro Anual da Anpocs. 2011.

PROJETO MEMÓRIA DAS ORGANIZAÇÕES GLOBO. *Dicionário da TV Globo*. Rio de Janeiro, Jorge Zahar, vol. 1, 2003.

RAMOS, Luiz Fernando. "A Rubrica como Literatura da Teatralidade: Modelos Textuais & Poéticas da Cena". *Sala Preta* (online). São Paulo, Departamento de Artes Cênicas da Escola de Comunicações e Artes da Universidade de São Paulo (ECA-USP), n. 1, pp. 9-22, 2001. Disponível em: <http://www.eca.usp.br/salapreta/PDF01/SP01_01_Ramos.pdf>. Acesso em: 10 jan. 2012.

RYNGAERT, Jean-Pierre. *Introdução à Análise do Teatro*. Trad. Paulo Neves. São Paulo, Martins Fontes, 1995.

_____. *Ler o Teatro Contemporâneo*. Trad. Andréa Stahel da Silva. São Paulo, Martins Fontes, 1998.

SANT'ANNA, Catarina. "A Telenovela *Os Ossos do Barão*". Comunicação & Educação. São Paulo, ano III, n. 9, maio-ago. 1997, pp. 63-74.

_____. *Metalinguagem e Teatro: a Obra de Jorge Andrade*. Cuiabá, EduFMT, 1997.

SILVA JÚNIOR, G. *Pais da TV*. São Paulo, Conrad, 2001.

SOUZA, Gilda de Mello. "Teatro ao Sul". *Exercícios de Leitura*. São Paulo, Duas Cidades, 1980, pp. 109-116.

STEEN, Edla van. *Viver & Escrever*. 2. ed. Porto Alegre: L&PM, vol. 3, 2008.

SZONDI, Peter. *Teoria do Drama Burguês* [Século XVIII]. São Paulo, Cosac & Naify, 2004.

TAGÉ, Terezinha. *Jorge Andrade, Repórter Asmodeu*. São Paulo, Tese de Doutoramento – Escola de Comunicações e Artes da Universidade de São Paulo, 1989.

TOMASHEVSKY, B. "Thematics". In: LEMON, L. T., & REIS, M. J. (eds.). *Russian Formalist Criticism – Four Essays*. Lincoln and London, University of Nebraska Press, 1965, pp. 61-95.

UBERSFELD, Anne. *Para Ler o Teatro*. São Paulo, Perspectiva, 2005.

VELTMAN, Henrique. *Do Beco da Mãe a Santa Teresa*. São Paulo, H. Veltman, 2010.

VIANNA FILHO, O. & PEIXOTO, F. [orgs.]. *Vianinha – Teatro, Televisão, Política*. São Paulo, Brasiliense, 1983.

WALLACH, Joe & JOHNSON, Randal. *Meu Capítulo na TV Globo*. Rio de Janeiro, Top Books, 2011.

WILLIAMS, Raymond. *Drama em Cena*. São Paulo, Cosac Naify, 2010.

_____. *Drama from Ibsen to Brecht*. New York, Oxford University Press, 1969.

XAVIER, Nilson. *Almanaque da Telenovela Brasileira*. São Paulo, Panda Books, 2007.

Título	O Grito *de Jorge Andrade*
Autora	Sabina Reggiani Anzuategui
Design e editoração eletrônica	Negrito Produção Editorial
Revisão de provas	Lauda Serviços Editoriais
Formato	15,5 x 22,5 cm
Tipologia	Arno
Número de páginas	160
Papel	Pólen Soft 80 g/m² (miolo)
	Cartão Supremo 250 g/m² (capa)
Impressão e acabamento	Lis Gráfica
Imagem de capa	detalhe de As malhas da liberdade
	de Cildo Meireles (1977)
	reprodução gentilmente cedida pela galeria Luisa Strina
	com o consentimento do artista